図説

英国ファンタジーの世界

奥田実紀

河出書房新社

図説
英国ファンタジーの世界

目次

2

3

4

1

はじめに
英国ファンタジーへの終わりなき憧れ

日本でもよく知られている、海外の児童文学の古典といえば、フランスではシャルル・ペロー、ドイツではグリム兄弟、デンマークではハンス・クリスチャン・アンデルセンの作品があげられます。

それに続いた英国は、年代的には遅れたとはいえ、子どものための文学というジャンルを確立させ、大きく花開かせた国です。英国で生まれた児童文学の多くは、子どもだけではなく大人も、そして海を渡って世界中

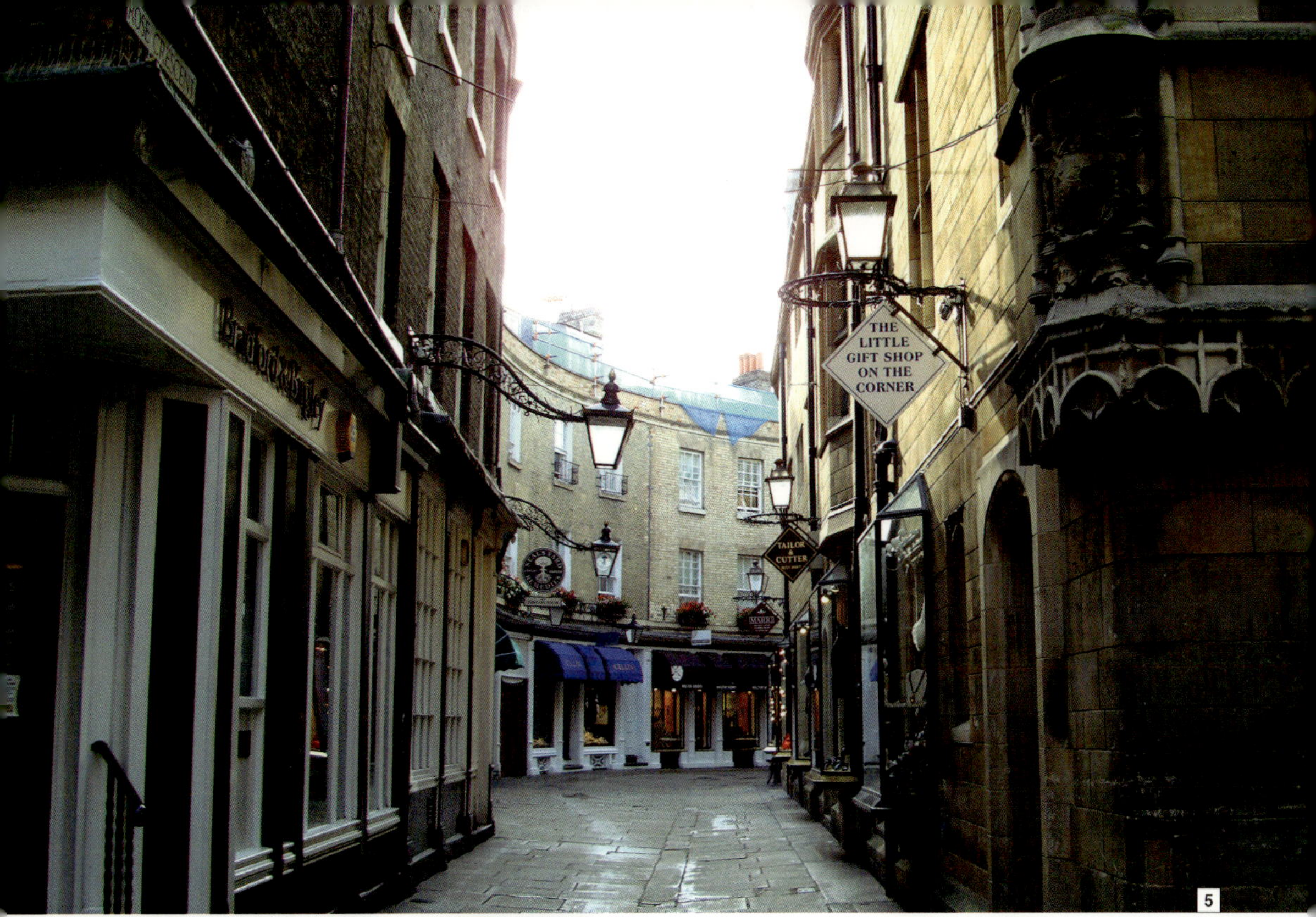

1 2 3 スコットランドのエディンバラ。16〜17世紀の建物が残る旧市街。4 ロンドン名物・赤い電話ボックス。5 大学だけでなく、町並みにも中世の雰囲気が漂うケンブリッジ。6 ケンブリッジ大学キングス学寮。7 ケンブリッジ大学セント・ジョンズ学寮の中にある「ため息の橋」。

の人々に親しまれ、現在に至るまで愛読されています。英国ぬきに児童文学を語ることはできないともいわれています。

私は小さい頃から本が好きで、図書室にあった世界名作シリーズをどんどん読んでいきました。その頃は作者のことや、背景になっている国のことまでは目に入らず、明るく前向きな主人公・アンに魅了され『赤毛のアン』が何よりのお気に入りでした。好きが高じて舞台になったプリンス・エドワード島にも住みました。『赤毛のアン』はカナダの物語ですが、作者の祖先は英国からの移民で、一九世紀後半のカナダの暮らしには故国・英国の文化や習慣が根強く残っています。そういうことを知ってからは、原点を求めるように、英国にも足が向きました。

一〇〇年以上も昔の茅《かや》ぶき屋根の家や、石造りの家を大切に守り、当たり前のように残しているため、街並みが統一感のある美しさを保っています。公園や田園地帯をゆっくりと歩いた

8 オックスフォード大学ニュー・コレッジ。9 10 英国といえば紅茶。ティーポットでゆったりと味わうティータイムは健在。11 北アイルランドの名所となっているブナの並木道「ダーク・ヘッジズ」。12 湖水地方のニア・ソーリー村。石組みの塀が印象的。13 石造りの建物にバラの花。英国のイメージそのもの。14 ダービシャーにある小さな町マトロック・バス。15 北アイルランドののどかな海岸線。

り、屋外でのピクニック、ガーデニングを何よりの楽しみにしている人々からは、自然との共生の大切さ、自然による癒《いや》しについて教えられました。

そのガーデニングでは、周りの自然と一体化するような庭、あるいはまるで自然のままのような野性的な庭という、英国式のガーデンスタイルも誕生しました。

先祖や歴史を大事にする国民性だからでしょう、神話や伝説も、過去のもの、自分たちとは関係のない別世界、子どもだましと軽んじることはありません。幽霊や魔女、魔法使いや妖精の存在を信じている人々は大人にもたくさんいます。こうしたことも、英国で児童文学、とくに〝ファンタジー文学〟といわれる作品が数多く生み出された理由にあげられます。実際に英国を訪れると、ファンタジー文学の世界があちこちに息づいていると感じずにはいられません。時代や時間という枠がはずされ、いつでもファンタジーの中に入

14

11

12

13

15

16 スコットランドには大小さまざまな湖がある。17 北アイルランドで立ち寄ったカントリーサイドのティールーム。18 美しい田園風景で知られるコッツウォルズ地方。地元で採れる蜂蜜色の石（ライム・ストーン）を使った茅ぶき屋根の家。

り込むことができるのです。

作者ゆかりの場所も、壊されずに残っていることが多く、それらを辿るというのが私の旅行のテーマになりました。もちろん、作品のドラマ化や映画化された際のロケ地巡りも忘れてはなりません！　みなさまと同じように、一愛読者として胸躍らせながら、児童文学、ファンタジー文学ゆかりの英国を歩いてきました。本書はそれをまとめたものです。物語が書かれた当時の英国の状況がわかるとよりお話が楽しめるので、コラムもたくさん盛り込みました。旅行気分で、楽しく、物語の背景や作者たちの思いを知っていただければうれしい限りです。

大人になった今でも、私の好きなジャンルは国内外問わず、児童文学です。子ども時代に還れるというノスタルジーというよりも、子どもにもわかる形で表現することが大事で、伝えたいことはたぶんすべて、児童文学に凝縮されていると思うからです。

イラスト・地図作成＝小野寺美恵

第1章

『ハリー・ポッターと賢者の石』他、「ハリー・ポッター」シリーズ

作者

J・K・ローリング

J.K. Rowling

© Alamy / PPS通信社

1965年	イングランドのイェートで生まれる。
1983年	エクセター大学に入学。卒業後、ロンドンで秘書として働く。
1990年	母、死去。
1991年	ポルトガルで英語教師として働く。
1992年	ポルトガル人男性と結婚。
1993年	長女ジェシカの誕生後まもなく結婚は破綻。妹が住むスコットランドのエディンバラへ。生活保護を受ける生活から脱出するため教員免許取得に動くかたわら、書きかけの『ハリー・ポッターと賢者の石』の執筆を続ける。
1996年	『ハリー・ポッターと賢者の石』の出版社が見つかる。
1997年	『ハリー・ポッターと賢者の石』出版。ベストセラーに。
1998年	『ハリー・ポッターと秘密の部屋』出版。
1999年	ワーナー・ブラザーズとの映画化権の契約が完了。
2001年	医師ニール・マレーと再婚。
2003年	長男誕生。
2005年	二女誕生。
2007年	ハリー・ポッター全7巻の最終巻『ハリー・ポッターと死の秘宝』出版。
2016年	8作目となる『ハリー・ポッターと呪いの子』発表。

オックスフォードではウィンドー一面にハリー・ポッターグッズが並べられたお店も。

世界的なファンタジーブームの火付け役、「ハリー・ポッター」シリーズの誕生

二〇〇七年七月二一日、「ハリー・ポッター」シリーズの最終巻『ハリー・ポッターと死の秘宝』が発売され、全七巻、一〇年に及ぶ長い物語が幕を閉じました。第一巻『ハリー・ポッターと賢者の石』は、またたくまに人々を魅了し、世界一四〇か国で一〇〇〇万部を超える販売実績をたたきだしました。第四巻『ハリー・ポッターと炎のゴブレット』が出たあと、二〇〇二年半ばまでのシリーズ販売部数は一億五〇〇〇万部を超え、五〇以上の言語に翻訳されており、この数をしのぐのは聖書だけだといわれています（『ハリー・ポッター誕生』新潮社）。

ワーナー・ブラザーズが映画化したことも大きく影響し、最終巻が出るまで、その人気は衰えることがなく、社会現象といってもよいほどの盛り上がりをみせました。日本でのシリーズ全巻の累計は、二三六〇万部（二〇〇八年八月八日時点）、金額（本体価格）にして六五一億二三三〇〇万円（出版科学研究所のサイトより）。

映画「ハリー・ポッターと賢者の石」で9と¾番線はどこかとたずねるハリー。
HARRY POTTER AND THE PHILOSOPHER'S STONE (BR/US) Copyright: Warner Bros, Harry Taylor, Daniel Radcliff © Ronald Grant Archives / Mary Evans Picture Library

児童書では考えられない数字とのことですが、作者のJ・K・ローリング（本名ジョアン・ローリング）は子どもに向けて書いたつもりはないと述べており、一般書籍の売り上げとしてみても、歴史に残る驚異的な数字です。また、実際に読者は子どもだけにとどまりません。このシリーズは、大人も巻き込んだ世界的なファンタジーブームの火付け役として最

松岡佑子訳、ダン・シュレシンジャー画。日本語版は、当時小さな出版社だった静山社から全シリーズが出版された。ローリングが、どうしても手がけたいという熱意を綴った、社長で翻訳家の松岡佑子氏の手紙を読み、ここなら、と決めたという。

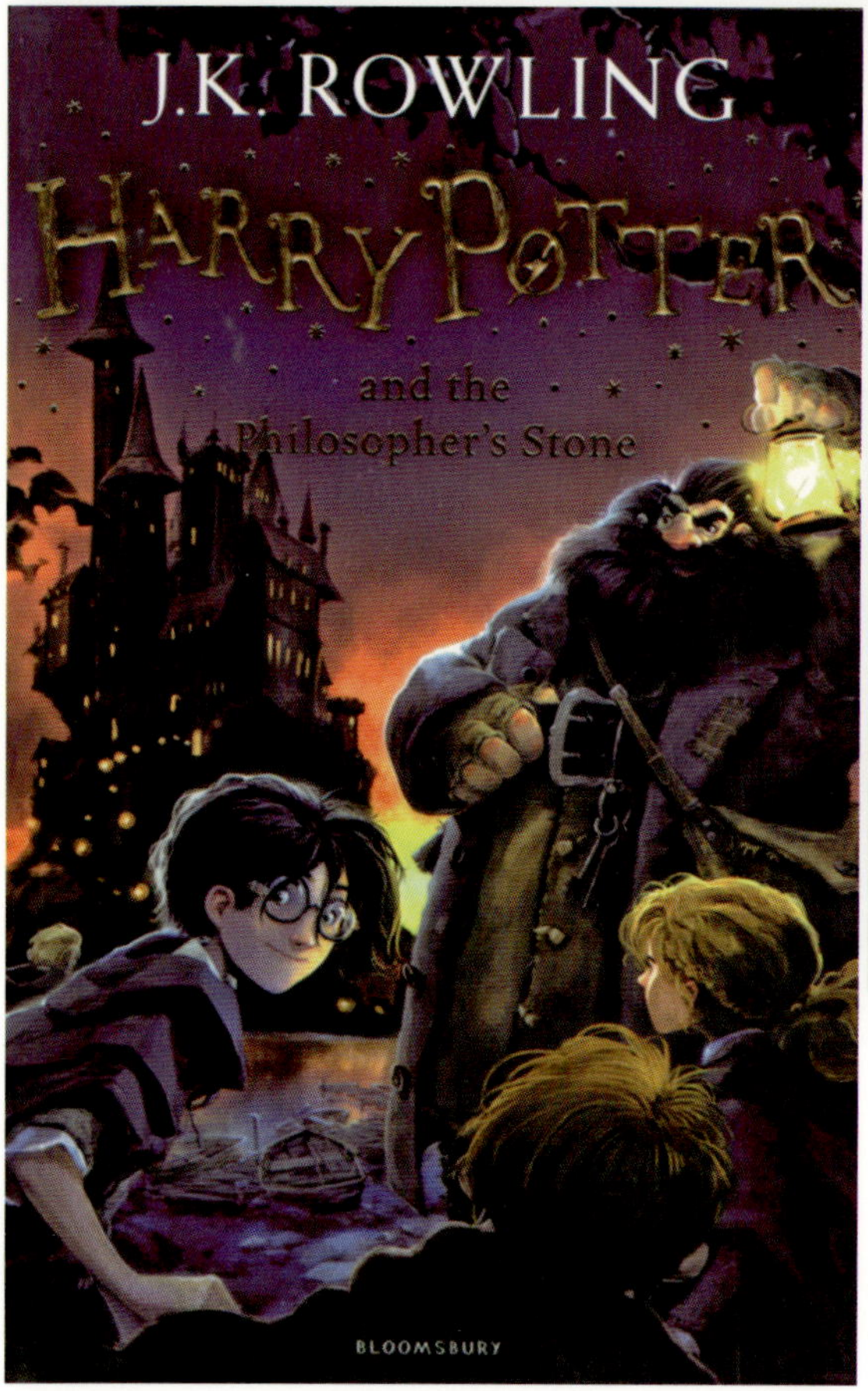

ブルームスベリー社が出版した英国版ペーパーバック。表紙のイラストはジョニー・ドゥドル。

右：キングス・クロス駅にある「9と¾番ホーム」を示す撮影スポット。ホームに入場する必要はない。ハリー・ポッターファンなら一度は訪れたい記念の場所。スタッフが三つの学寮のマフラーや杖を貸してくれ、「はい、今度は飛んで！」とその気にさせてくれる。
上：隣には「ハリー・ポッター・ショップ」があり、グッズを購入する多くの人々で賑わっている。

も大きな役割を担った（『見えない世界の物語』講談社）のです。ローリングは二〇〇一年、エリザベス女王から大英帝国勲章（ＯＢＥ）を授与されました。

キングス・クロス駅 9と¾番線

キングス・クロス駅9と¾番線——ホグワーツ魔法魔術学校へ行く列車が発車するホームに佇《たたず》みたいと、ファンなら誰もが思うはず。キングス・クロス駅に行ってみると、「9と¾番線」と書かれたプレートが！　その下には、トランクと鳥かごを乗せたカートが半分だけ、壁にめりこんでいます。ファンのために作られた特別な場所、ここで記念写真を撮る

セント・パンクラス駅。高い時計塔をもつ、
ネオ・ゴシック様式の美しい駅舎だ。

ことができるのです！　なんという心憎い演出でしょうか。多くのファンが長い列を作って順番を待っている姿をみると、ハリー・ポッターの人気はいまだに衰えていないことがわかります。

キングス・クロス駅は物語の誕生ともかかわっている重要な駅です。ローリングがハリー・ポッターのアイデアを思いついたのは、マンチェスターからキングス・クロス駅へと向かう電車の中のことでした。電車が遅れて停車していたとき、ぼんやりと外を眺めていたローリングを、今まで味わったことのない、突き抜ける興奮がおそいます。一一歳のハリー・ポッターがひょっこり姿を現したのです。彼が孤児であること、魔法使いで魔法学校へ向かう列車に乗っていること、しかし自分の真の姿や偉大な力を持っていることに気づいていないことも、ローリングにははっきりとわかりました。そして、ロン、ハグリット、ほとんど首なしニックにも出会ったそうです。

すばらしいアイデアを心の目で見ているのに、書き留めるペンがありません。どこへ行くにもペンとノートを必ず持っていたローリング、そのときペンがなかったなんて。でも、頭の中でじっくりとアイデアを練ることができたので結果的

レスター・スクエア駅のそばにある通り「セシル・コート」。児童書や絵画などの古書店が並ぶ。ダイアゴン横町のイメージの源とされる。

上：映画「賢者の石」の撮影が行われた「レドンホール・マーケット」。美しいアーケード街。写真の人々は行列しているわけではなく仕事帰りの一杯を楽しんでいるのだ。
右：マーケットの一角にある眼鏡店は、「漏れ鍋」の入口として使われた。映画では真黒に塗られているのでわかりづらい。

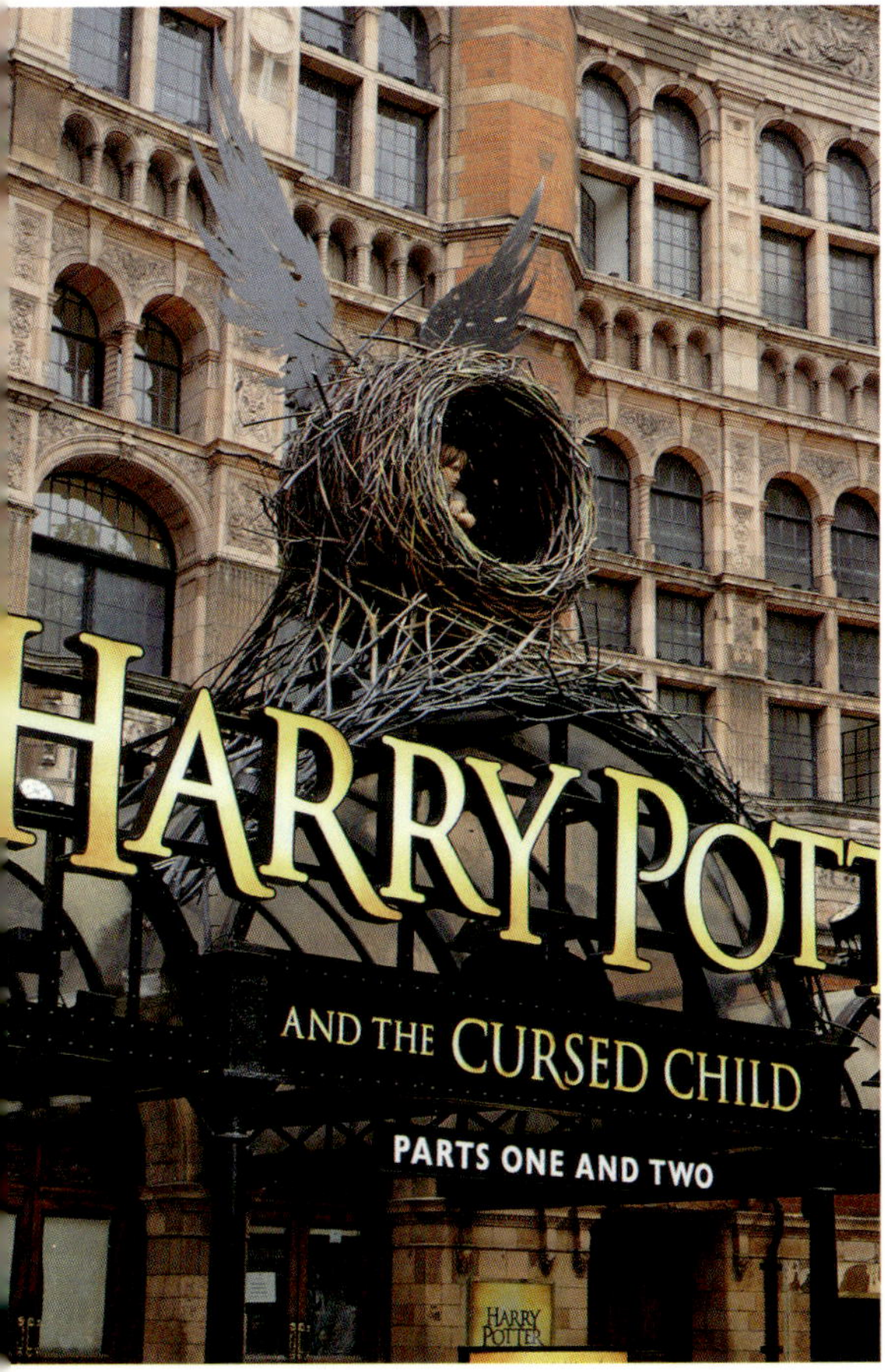

2016年、シリーズ８作目となる「ハリー・ポッターと呪いの子」は、演劇としてロンドンのこのパレス・シアターで発表された。ローリングは本という形ではなく、演劇として発表されたことに、舞台を観れば演劇がこの物語にふさわしい唯一の表現媒体だと納得するだろうと話した。

によかったとローリングは言っています。忘れてしまうようなものなら、覚えておく価値がなかったのだということだ、と。キングス・クロス駅に着いたときにはローリングの頭の中では展開も登場人物もほぼできあがり、七巻シリーズになることも、わかっていたそうです。

母への思い

もう一つ、ローリングの両親が出会ったのが、キングス・クロス駅を出発し、スコットランドへ向かう列車の中だったことも忘れてはなりません。両親は仲むつまじい家庭を築き、ローリングと妹の教育にも熱心でした。母アンは、ローリングが二五歳のとき、長年患っていた多《た》発性硬化症《はっせいこうかしょう》で他界します。母の死はローリングにとって大きな打撃となりました。『ハリー・ポッターと賢者の石』で、本人が一番見たいと願っているものを映し出す「みぞの鏡」で、ハリーが亡くなった両親の姿を見る場面は、ローリング自身の体験から生まれたものです。母を思う子の気持ち、そして子を思う母の気持ち。ハリー・ポッターを構成・執筆中に子どもを産んだローリングは、どちらの思いもわかる大人になっていました。もしハリー・ポッターの成功をローリングの母が目にしていたら、どれほど喜んでくれたことでしょう。

自由の象徴、〝トルコ石色〟の車

改修され、近代的になったキングス・クロス駅と比べると、隣り合っているセント・パンクラス駅は一九世紀の風情《ふぜい》を漂わせる趣《おもむき》のある駅舎。映画「ハリー・ポッターと秘密の部屋」で、キングス・クロス駅の外観として使われています。列車に乗り遅れたハリーとロンが、フォード・アングリア車に乗って飛び上がる

column

ハリー・ポッターの料理

ローリングは、『まぼろしの白馬』（エリザベス・グージ著）などのお気に入りの小説の中に、必ずといっていいほどたくさんの料理が登場するごちそうの場面を、わくわくして読んでいたそうです。「ハリー・ポッター」シリーズに、おいしそうな料理が登場するのはそうしたローリングの体験が反映されています。

サンドイッチやヌガー、ファッジ、ソーセージロールなど日本でも知られているものの他に、英国の伝統的な料理も出てきます。ローストビーフとヨークシャー・プディング、トライフル、ステーキ、キドニーパイ、クリスマス・プディング、ポリッジ、シェパード・パイ、クランペット、ミンスパイ、ブラッド・ソーセージ……。どんな料理なのか、現地に行ったらぜひ味わってみたいものです。

上：オックスフォード大学「クライスト・チャーチ学寮」のグレート・ホールへ向かう階段。映画「賢者の石」ではホグワーツに入学するハリーたち1年生を、この階段の上でマクゴナガル先生が出迎える。
下：階段をのぼって入口を入ると天井がどんと高くなるグレート・ホール。このホールも映画で食堂として使われたという。映画で観るよりも狭く感じられる。

場面です。車の色が〝トルコ石色〟であることは重要だったと、ローリング。

高校生の頃、ローリングはトルコ石色のフォード・アングリアに乗ってきたショーン・ハリスと親友になったそうで、ローリングにとってこの車は、田舎で退屈していたローリングを救ってくれる、自由の象徴でした。ハリーも同じようにあの車で救われるのです。ローリングの実生活と物語とがはっきりと関連づけられる数少ない箇所だそうです。映画化する際のローリングの希望は原作に忠実で

「ハリー・ポッターと賢者の石」で、ハリーの寮が組み分け帽子で決まるシーン。
HARRY POTTER AND THE PHILOSOPHER'S STONE (BR/US) Copyright: Warner Bros, Maggie Smith, Daniel Radcliff
© Ronald Grant Archives / Mary Evans Picture Library

あること、脚本にかかわれることだったそうで、「マクドナルド」のおまけにハリー・ポッターグッズが登場することもローリングは絶対に避けたかったことなどを知るにつけ、ローリングがいかに自分が創り上げたハリー・ポッターの世界を大切にしていたかがわかります。

ヒットすると有頂天《うちょうてん》になって周りが見えなくなることはよく聞きます。とくにこのシリーズはローリングの処女作ですから、そうなってもおかしくはないほどの成功を収めました。しかしローリングは、天狗《てんぐ》にならず、プライベートと書く時間を区別し、自分が納得のいくことをしっかりと見極めて対応しています。

物語の原点は伝統的な寄宿学校

ハリー・ポッターの原稿は最初、何社かに出版を断られます。その理由の一つが、昔ながらの「魔法」「寄宿学校」を扱ったからだとされています。しかし、だからこそ、多くの読者の心をとらえたとも解釈できるでしょう。まったく新しい、斬新《ざんしん》すぎる世界が万人《ばんにん》受けするとは考えられないからです。

寄宿学校は、ハリー・ポッターをはじめとする英国の児童文学、英国の文化を知るうえで重要なキーワードです。ハリーが通うことになる「ホグワーツ魔法魔術学校」は、架空《かくう》の学校とはいえ、英国の伝統的な「パブリック・スクール」をもとにしています。パブリック・スクールとは、ロイヤル・ファミリーを頂点とする英国の上流階級の子どもたちが通う学校のことで、寄宿学校（ボーディング・スクール）が原点です。『英国王室流教育の極意：エリザベス女王からジョージ王子まで』（河出書房新社）によると、英国では公立校のことは「ステイト・スクール」、私立学校は「インディペンデント・スクール（またはプライベート・スクール）」と呼び、パブリック・スクールはこのインディペンデント・スクールに含まれますが、パブリック・スクールと呼んでいいのは限られたエリート校のみ。そこに我が子を入学させたい親は、パブリック・スクールへあがるための準備校で、私立の小学校である「プレップ・スクール（Preparatory School の略）」に入学させるのです。

プレップであれ、最終目的であるパブリック・スクールであれ、入学させたいのであれば、その子の誕生後、もしくは

オックスフォード大学「ニュー・コレッジ」は「炎のゴブレット」の撮影で使われた。撮影の様子がパネルにして飾ってある。三大魔法学校対抗試合の代表選手にハリーが選ばれたことで、回廊や中庭で他の生徒たちに責められるシーン。
上：この木の場所でドラコはフェレットに変えられた。中庭を四角く囲う回廊が大学の建物に取り入れられたのはニュー・コレッジが最初ともいわれている。

世界的な蔵書と歴史を誇る「ボドリアン図書館」も映画のロケに使われた。ボドリアン図書館とは、26ある図書館の総称である。右：１階「ディヴィニティ・スクール」はホグワーツの医務室として使われた。左・下：２階は「デューク・ハンフリー図書館」。高い天井を見上げると、一面にオックスフォードの紋章が施されている。ここがホグワーツの図書室として使われた。賢者の石の秘密を探るため、ハリーは透明マントで夜中に忍び込む。©Bodleian Library

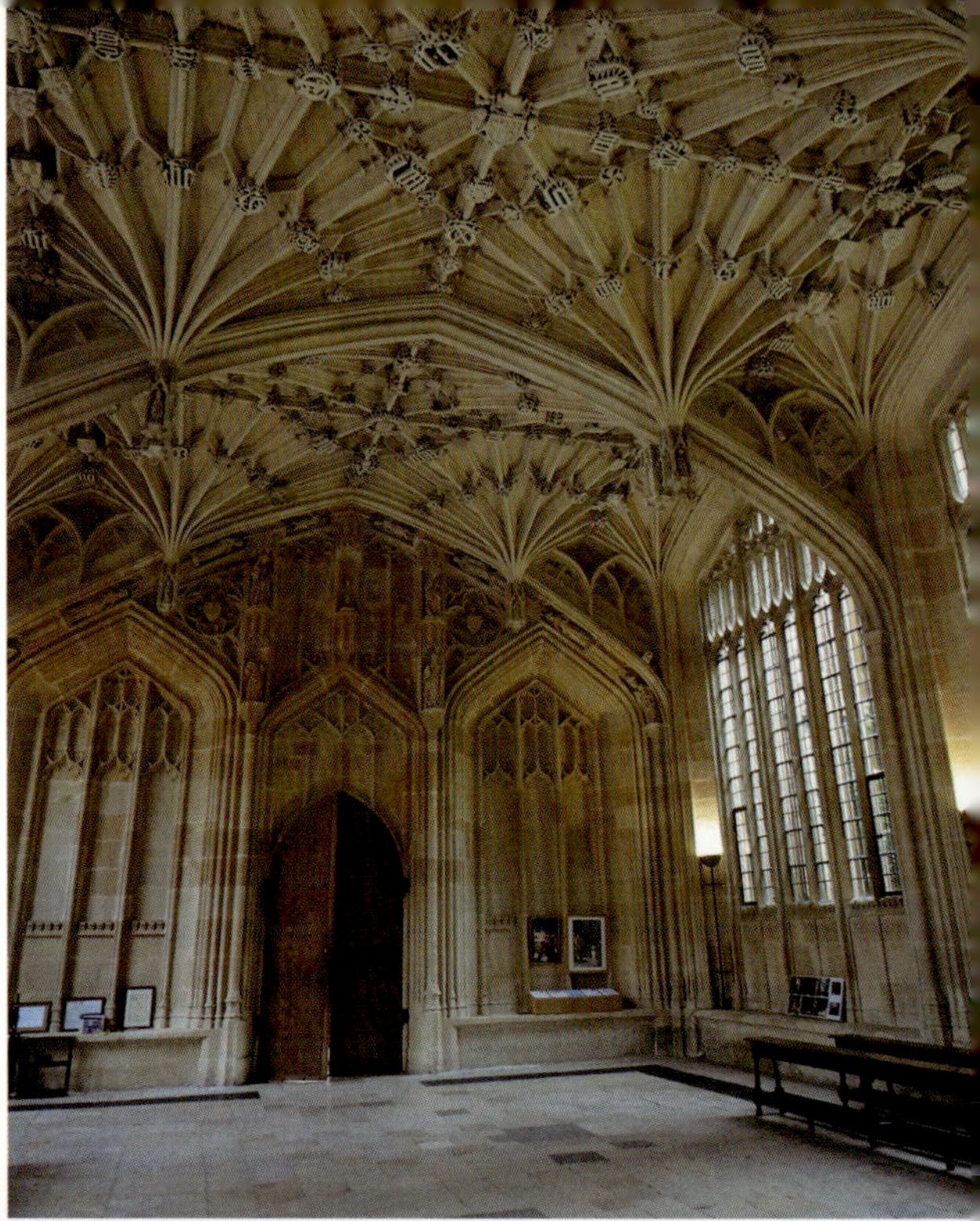

誕生一年以内に希望の学校へ〝登録手続き〟をしなければならないそうです。ハリーが一一歳の誕生日を迎える日に学校から入学許可の手紙が届くシーンから、ハリーの両親がホグワーツ入学のための登録手続きを、ハリーが誕生した直後に済ませていたことがわかります。

ローリング自身は、寄宿学校に入りたいと思ったことはなかったと答えており、ローリングが実際に通ったのも公立の小学校、中等学校です。成績優秀で、大学は名門オックスフォードをめざして資格テストを受けましたが、不合格でした。それには、成績ではなく、出身校（裕福で由緒ある家庭の子どもは私立校に通ってい

ローリングがハリー・ポッターの原稿を書いたカフェ「ニコルソンズ」は、現在経営者も代わり、名前も「ザ・エレファント・ハウス」となった。しかし、ハリー・ポッター誕生の場所として今でも多くのファンが訪れる。

column

魔法や妖精が根づく国

英国人にとって魔女や魔法使い、妖精たちは身近な存在です。おとぎ話と思ってはおらず、目には見えなくとも存在すると信じている人が多いのです。妖精の源は、神話や伝説、民間伝承などさまざまですが、ヨーロッパ人のルーツといわれるケルト民族に行きつくと、妖精学の第一人者・井村君江氏は述べています。

魔法博物館、魔女博物館が真面目に運営されており、妖精研究というものが発展したのも英国。16〜17世紀には、ウィリアム・シェイクスピアを代表とする文学作品の中にも登場するようになりました。とくにケルト色が強く残るスコットランドやアイルランドは、今でもファンタジーの要素を感じられる場所として人気があります。

英国人は幽霊好きでも知られており、あちこちでゴースト・ツアーが行われています。もともと古い家に価値を見出す国民性があるうえ、幽霊が住んでいることはよい意味での付加価値になるそうです。

エディンバラの街。中央奥に見えるのがエディンバラ城。その手前、時計塔がついたひときわ目立つ建物は伝統ある「バルモラル・ホテル」。ローリングが最終巻（『死の秘宝』）の原稿を書き上げたのはこのホテルの部屋で、サインが残っているとか。

るものだという階級意識）が影響していたといわれています。

ローリングは第二志望のエクセター大学へ進むことになるのですが、このときの悔しさはローリングがこの話を公に語っていないところからも想像ができます。物語に出てくる〝純血〟かどうかに異常にこだわる魔法族の人々から、ローリングの当時の気持ちを読み取ることができるのではないでしょうか。映画のロケ地として、オックスフォードのいくつかの学寮《コレッジ》が使われていることには、なんだか不思議な因縁《いんねん》も感じてしまいます。

スコットランドに暮らして

ハリーが育てられているダーズリー家はロンドンにあり、ホグワーツはロンドンから列車に乗っていく、遠く離れた場所にあります。モデルにしたお城はない、とローリングは話していますが、ホグワーツがスコットランドにあるという設定はかなり早い段階で決めたそうです。

スコットランドは、ローリングが夫から離れ、子どもと二人で暮らし始めた場所。シングルマザーとして生活保護を受けるという屈辱《くつじょく》を味わいながらも自立の

スコットランドのフォート・ウィリアム～マレイグ間を走る「ウエストハイランド鉄道」。ホグワーツ特急として使われた蒸気機関車「ジャコバイト号」は運行期間や本数が限られているのでチェックしたい。21のアーチを持つコンクリートの陸橋は「グレン・フィナン高架橋」で、ここで「ハリー・ポッターと秘密の部屋」だけでなく、「ハリー・ポッターとアズカバンの囚人」でディメンターに襲われるシーンのロケも行われている。

ジャコバイト号を撮影できる絶好の高台からは、シール湖とグレン・フィナン・モニュメントを見下ろせる。「ハリー・ポッターと秘密の部屋」の予告編で、ハリーがヘドウィグを肩に乗せて見下ろしている風景がこの場所。

スコットランドの景勝地として有名なグレンコー。「アズカバンの囚人」ではハグリットの小屋のシーンが撮影され、「炎のゴブレット」でもロケが行われている。

ために努力し、子どもの散歩の途中にカフェに寄り、そこでハリー・ポッターの原稿を書き続けたという話は有名です。独身の頃から、一人になりたいとき、原稿を書きたいときにはよくカフェに行ったというローリング。本当は何をしたいのかを隠していたローリングにとって、カフェは書き物をするのに理想的な場所だったのだそうです。

ベストセラー作家になってからも、再婚してからも、ローリングはスコットランドにずっと住み続けています。物語の中には実際のスコットランドの名称は出てきませんが、映画のロケ地としてスコットランドが使われたことで、スコットランドを訪ねる観光客も増えました。

とくに有名なのは、ハイランドにあるグレン・フィナン高架橋。「ハリー・ポッターと秘密の部屋」で、フォード・アングリアに乗ったハリーとロンが、この高架橋のところでホグワーツ行きの列車に追いつくというシーンです。夏の間は映画にも登場する蒸気機関車「ジャコバイト号」が走り、まさに映画そのものの風景を見ることができます。映画が、スコットランドの自然や歴史を知るきっかけになってくれれば、スコットランドびいきの私としては嬉しい限りです。

column

ジャコバイト

「ハリー・ポッターと秘密の部屋」のロケでも使われた蒸気機関車「ジャコバイト号」。ジャコバイトとは何でしょうか。スコットランドとイングランドはもともと別の国で、戦っていました。1603年にエリザベス１世が世継ぎなく逝去したため、スコットランド王ジェームズ6世がイングランド王も兼ねることになります。その後両国は同じ王を戴きながらも独立国でした。1689年にイングランド王ジェームズ２世（スコットランド王としてはジェームズ７世）が名誉革命で追放されると、正統な国王が追放されるのはおかしいと、復位を支持した人々が“ジャコバイト”です。ジェームズのラテン語読みからジャコバイトと呼ばれました。ジェームズ２世、その息子、そして孫とその支持者たちは、王位を主張して反乱を何度も起こしますがすべて失敗に終わりました。

アニック城は、現在もノーサンバーランド公爵家の居城。ハリーたちがほうきに乗る練習をする場面で使われた。また、クィディッチのシーンで、背後に映っているのもこの城。

城の隣には、現ノーサンバーランド公爵夫人が作ったアニック・ガーデンがあり、注目は有害な植物だけを集めた「ポイズン・ガーデン」。危険な植物なのでスタッフのガイドツアーに参加しないと入ることができない。物語に出てくる“マンドレイク”もあった。

第**2**章

『砂の妖精』『火の鳥と魔法のじゅうたん』『魔法！魔法！魔法！』

作者

イーディス・ネズビット

Edith Nesbit

1858年	イングランドのケニントンで生まれる。
1862年	父、死去。
1871年	1866年から、病気がちだった姉の療養のためイングランド内のみならずフランス、スペイン、ドイツなどを転々とする。この年に姉が死去、一家はロンドンに落ち着く。
1880年	銀行員ヒューバート・ブラントと結婚。長男ポール誕生。生活のために原稿の売り込みを始める。
1881年	長女アイリス誕生。
1885年	二男フェビアン誕生。
1899年	初めての児童書『宝さがしの子どもたち』出版。
1900年	二男フェビアン、死去。
1902年	『砂の妖精(Five Children and It)』出版。
1906年	『鉄道きょうだい』出版。
1907年	『魔法の城』発表。
1908年	『アーデン城の魔法(The House of Arden)』発表。
1909年	『ディッキーの幸運』発表。
1914年	夫ヒューバート、死去。
1917年	トーマス・タッカーと再婚。
1924年	イングランドのケント州にて死去。

〝エブリディ・マジック〟の生みの親

作家になった人たちはみな、小さい頃から読書好きです。J・K・ローリングは愛読書として、『若草物語』や「ナルニア国物語」シリーズ、『まぼろしの白馬』などをあげています。そして大きな影響を受けた作家として、イーディス・ネズビットもあげています。

イーディスの作品は、英国ではドラマや映画にもなり、現代にまで読み継がれている名作がいくつもあります。日本でも数多く翻訳されており、『砂の妖精』はとくに有名で、NHKで一九八五〜一

イーディス・ネズビット協会が出版した、ネズビット関連冊子。『鉄道きょうだい』のモデルになった鉄道がどこか、物語の描写と照らし合わせて英国中を捜し歩いた報告書はとくに興味深い。

『砂の妖精』より。ネズビットの作品の挿画はほとんどがこのハロルド・ロバート・ミラー。

堀の一部は現在もあり、イーディスがここで舟遊びを
楽しんでいた写真が残っている。

『火の鳥と魔法の
じゅうたん』より。

「ウェル・ホール」の敷地は現在「Well Hall Pleasaunce」という公園になっている。イーディスが住んでいた屋敷は取り壊されてないが、家が建っていたまさにその場所に、それを示す案内板が立っている。

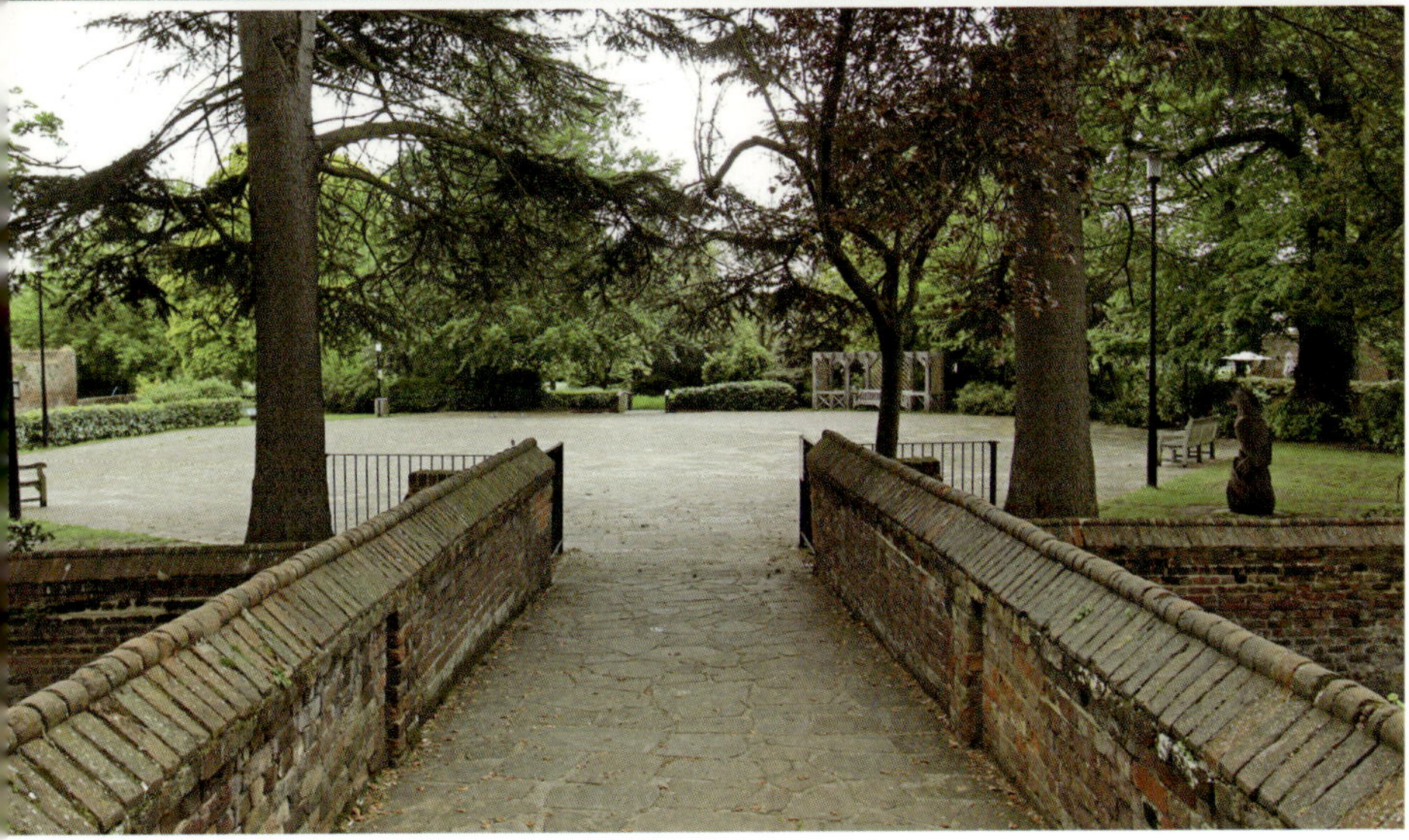

案内板から奥へ、この石橋を渡ると、ウェル・ホールの裏庭だったところに出る。この石橋は中世の頃のもの。1500年代にはこの橋がマナー・ハウスの正式な入口だった。

九八六年まで「おねがい！ サミアどん」というアニメ版で放映もされました。

教訓や道徳を説く、宗教色の強いものではなく、自由な発想でのファンタジーが登場してきたのは、イーディス以降だといわれています。そして日常生活の中で不思議なことが起こるという〝エブリディ・マジック〟というジャンルを確立させたのも、イーディスだとされており、ファンタジーの歴史を探るうえでも重要な作家です。

もともとは大人向けの詩や作品を発表していましたが、三八歳のときに雑誌に自分の少女時代の思い出を連載したことがきっかけで、以後精力的に子ども向けの物語を書き始めます。最初の子ども向け作品が『宝さがしの子どもたち』でした。バスタブル家の六人きょうだいの一人が、自分たちに起きたことを語る形で物語が始まります。回想のように始まるスタイルは子どもの本ではイーディスが初めて試みたものです。好評を得て、のちにバスタブル家シリーズとして続編『よい子同盟』『新・宝さがしの子どもたち』が書かれました。

サミアドという変な生き物を見つけた五人のきょうだいが一日に一つだけサミアドに願いを叶えてもらうという『砂の

妖精』は一九〇二年に出版され、こちらも人気が出て『火の鳥と魔法のじゅうたん』『魔よけ物語』という続編が生まれました。

『メリサンド姫：むてきの算数！』や『ドラゴンがいっぱい！』『魔法！　魔法！　魔法！』といった、妖精や魔法使い、ドラゴンなどが出てくるお話も数多く書いています。

裏庭だったところは現在、広場になっており、イーディスの物語に登場するサミアド、火の鳥、ドラゴンの像がたてられている。イングランドの守護聖人ジョージがドラゴン退治をした伝説があることから、ドラゴンはよく聖ジョージと結びつけられる。ちなみに、スコットランドの守護聖人は聖アンドリュー、ウェールズは聖デーヴィッド。

一九〇六年に刊行された『鉄道きょうだい』（日本では一九七一年に『若草の祈り』の題で翻訳出版。同年映画も公開された）は、ファンタジーには分類されませんが、両親を思う子どもの一途《いちず》な気持ちが胸を打つお話で、現在も演劇になるなど、人気があります。町で育った三人の子どもたちが家の事情で田舎に引っ越さなくてはならなくなり、そこで駅と汽車に興味を持ち、関係を深めていきます。

マナー・ハウス「ウェル・ホール」で生み出された子ども向けの物語

イーディスのこうした子ども向けの作品の多くが、一八九九～一九二二年まで住んでいたエルサムのマナー・ハウス「ウェル・ホール」で生まれました。一三世

『火の鳥と魔法のじゅうたん』より。

『アーデン城の魔法』とその続編『ディッキーの幸運』は東京創元社から刊行されている。アーデン城のモデルになったのは、イースト・サセックスにあるハースモンスー城。15世紀に建てられ、レンガ造りの城としてはかなり初期のものとされる。© Herstmonceux Castle

紀、テューダー朝にさかのぼる歴史のある敷地で、一八世紀に建てられた三階建ての大きな屋敷の周りには、堀がめぐらされていました。ここでイーディスは子どもを育て、作品を精力的に生み出し「フエビアン協会」のメンバーや、進歩的な思想を持つ作家たちをもてなします。フエビアン協会は、イーディスの夫ヒューバート・ブランドが仲間とともに組織した社会主義の団体で、文学者のバーナード・ショーや、H・G・ウェルズも参加していました。イーディスも会の中心的

column

英国の階級

英国は階級社会で、平等化が進んだ今日にあっても、貴族という階級は生きており、人々の中にはいぜん階級意識が根づいています。経済面だけではなく、職業、教育、家、話す言葉や作法、趣味といった、さまざまなことが階級意識と結びついています。

英国の階級は、大きく三つに分類されます。アッパー・クラス（上流階級）、ミドル・クラス（中流階級）、ワーキング・クラス（労働者階級。下層階級ともいう）です。もともとは「支配する側」と「支配される側」、あるいは「富む者」と「貧しい者」という二つに分けられていましたが、1630年代頃「ミドリング・ソート（中間層の人々）」という言葉が登場し、中間に位置するミドル・クラス思想が生まれたといいます。

身分を分類する言葉「クラス（階級）」。英国には、「クラス」という言葉のほかにも、ランク（序列）、オーダー（位階）、ディグリー（地位）など、人を上下に分類する言葉が、日本に比べて多く、いかに階級を重要視しているかがわかります。

上流階級に含まれるのは、王室、貴族（爵位をもつ者）、ジェントリ（爵位はないが貴族同様に大土地を所有する、地主層）。ワーキング・クラスは職人から浮浪者にいたる下層民で、生計を立てるための財産や特殊技能を持っておらず、肉体労働の仕事に就くものでした。

中流階級はその間の層で、上流階級に近いアッパー・ミドル（上層中流階級）、もともとはワーキング・クラスの出身でありながら、教育などの恩恵により、事務職や小規模の小売業などについて、ミドル・クラスの仲間入りを果たしたロウアー・ミドル（下層中流階級）、ロウアー・ミドルのうち、富を築き、自分の子どもたちにはよりよい教育を受けさせ、よい仕事に就かせてさらに上昇させたミドル・ミドル（中層中流階級）の、大きく三つに分類され、この分類は19世紀後半から20世紀にかけて定着したといいます。ミドル・クラスは19世紀後半から強い力を持ち始め、政治や経済、文化にいたるまでアッパー・クラスに負けない重要な位置を占めるようになりました。

『不機嫌なメアリー・ポピンズ』には、19世紀後半から20世紀前半にかけて、ミドル・クラスを自認する家庭は、どれほどつましいロウアー・ミドルであっても少なくとも1人は使用人を雇う必要があった、とあるので、使用人を雇っているかどうかが、ワーキング・クラスかロウアー・ミドルかの境だったようです。

メンバーとして活動しており、革新的な考えを持つ女性たちとも交流を深めます。イーディスが髪を短くし、たばこを吸い、体型が隠れるゆったりしたドレスを着ていたのは、これまでの女性の生き方への反抗、束縛《そくばく》されない自由を表現するためだったそうです。

お気に入りだった村で静かに晩年をすごす

暮らしは順調に見えましたが、夫の収入は安定せず、イーディスが大黒柱として原稿を書いていました。また、女性にだらしのなかった夫は、イーディスが手伝いに雇ったアリスと関係を深め、子どもをもうけてしまい、その子を自分の養子として育てるという複雑な環境にもありました。一九〇〇年には三男のフェビアンが一五歳という若さで亡くなり、一九一〇年頃から体調を悪くした夫は一九

ネズビット・ロードの横を通る「ロムニー・ハイス＆ディムチャーチ鉄道」。静岡県伊豆市の「虹の郷」には、この鉄道の協力を得て、同じサイズの車両を使った遊覧鉄道、通称「ロムニー鉄道」がある。

一四年に亡くなります。

第一次世界大戦が勃発《ぼっぱつ》し、暮らしに困ったイーディスは大きなウェル・ホールを維持するために宿泊客を泊めたり、野菜や花を売ったりしました。そんなイーディスを救ったのが、以前からつきあいのあったトーマス・タッカーです。二人は一九一七年に結婚。イーディス五八歳、タッカー六〇歳でした。イーディスは中流階級、タッカーは労働者階級という階級差が、子どもたち全員に祝福されなかった理由だったといいます。自分の子ども時代をもとに作品を書いたため、イーディスの作品に描かれている子どもたちの生活もみな、中流階級のものです。階級の違いはありましたが、二人は愛称で呼びあうほど仲がよく、しばらくはウェル・ホールで暮らしました。

一九二二年にはついに維持できなくなったウェル・ホールを手放し、ディムチャーチに近いジェッソン・セント・メアリーに移りました。ディムチャーチは、イーディスが再婚前から気に入っていた村で、ウェル・ホールを見つけるまで、毎年夏の休暇をすごした場所でした。『アーデン城の宝物』は、続編の『ディッキーの幸運』と合わせた長編のタイムトラベル冒険物語で、これはタイムトラベルファンタジーの草分け的存在といわれています。アーデン城のある町のモデルはディムチャーチといわれており、アーデン城はイースト・サセックスにある「ハースモンスー城」という実在の城からイメージしたものだそうです。

これらのお話のほか、『新・宝さがしの子どもたち』『魔よけ物語』といった古城や城跡、歴史を扱った作品は、イーディスのファンタジーの中でもよく練られた、完成度の高いものになっています。これには、自分の作品を愛読していた若者たちとのつきあいの中で得た興味やアイデアが大きく反映されていました。バスタブル家の男の子の名前、ノエル、オズワルドはそうした若者からとった名前だったようです。

イーディスの創作意欲は夫の病気と並行するように細くなっていき、再婚後は子どもの本は一冊も書きませんでした。もともと、イーディスは家、家計を維持するために書き始めたので、子どもたち

イーディスのお墓はセント・メアリー・イン・ザ・マーシュの教会にある。木製の墓標は夫のトーマスが作ったものが朽ちてしまったため、イーディス・ネズビット協会が新しく作り直した。

教会の向かいにあるパブ「スター・イン」。イーディスはここでグラスを傾けることもあったそう。

column

鉄道の発達

1840年代から英国では鉄道建設ブームが起こります。英国各地に路線が敷かれ、鉄道会社間の競争によって運賃が下がると、庶民にとっても鉄道は手軽な移動手段になっていきます。1861年には世界初の地下鉄がロンドンに開業（ロンドンでは地上に鉄道を敷く余裕がなくなっていたので、トンネルを掘って地下に作られたのです）。最初は蒸気機関車がけん引していましたが、1890年に電化されました。

ヴィクトリア朝期、鉄道は黄金時代を迎え、北部スコットランドの奥地・ハイランドまでも鉄道が伸びたことで、スコットランドへの旅行客も増えていきます。毎年夏の休暇を北部の田園地帯ですごしていたビアトリクス・ポター（後述）の一家は、鉄道を使って湖水地方やスコットランドへと向かったのです。

『火の鳥と魔法のじゅうたん』より。

が独立し、自分が守られ、落ち着ける家庭を手に入れたとき、もう書く必要もなくなったのかもしれません。

ジェッソン・セント・メアリーのイーディスが住んでいた家は現在、一般の方が住んでいるうえ、「ネズビット・ロード」と名づけられたプライベート道にあるため見ることはできません。ネズビット・ロードの目の前には、ロムニー・ハイス&ディムチャーチ鉄道の「セント・メアリーズ・ベイ駅」があります。この鉄道は、世界で最も狭い軌間（三八・一cm）を使い、本格的な公共輸送を行う、正式営業の実用鉄道。もっとも狭い軌間ということは、車両の幅も狭く、遊園地の乗り物のような小さな列車です。偶然にも、この列車で帰宅したおばあさんに会い、本当に住民の方が足として利用しているのだということを実感。この鉄道の開通はイーディスが亡くなったあとですが、建設過程を目にしていたかもしれません。ゆっくりと走って行く列車が見えなくなるまで必死に手を振る子どもたちを見ていたら『鉄道きょうだい』の一場面がよみがえってきました。イーディス終焉《しゅうえん》の地の目の前に、鉄道駅ができるとは、なんというすばらしい偶然でしょう。

第3章

『秘密の花園』『小公女』『小公子』

作者

フランシス・ホジソン・バーネット

Frances Hodgson Burnett

1849年	イングランドのマンチェスターに生まれる。
1853年	父、死去。
1865年	家族でアメリカのテネシー州へ渡る。
1868年	原稿が雑誌に採用され報酬を得る。
1873年	スワン・バーネットと結婚。
1874年	長男ライオネル誕生。
1876年	二男ヴィヴィアン誕生。初の単行本『ローリーんとこの娘っこ』出版。
1885年	『小公子』発表。翌年出版。
1888年	『セーラ・クルー』発表。
1890年	ライオネル死去。
1898年	スワンと離婚。
1900年	スティーブン・タウンゼントと再婚。
1902年	スティーブンと離婚。
1905年	『小公女』出版。アメリカ国籍を取得。
1911年	『秘密の花園』出版。
1924年	アメリカ・ニューヨーク州プランドームで死去。

『バーネット自伝　わたしの一番よく知っている子ども』(翰林書房)。雑誌に作品が採用され、作家となった18歳までの、少女時代の思い出が書かれている。

右：1886年に出版された『小公子』の挿画はレジナルド・バーチ。バーチを最初に有名にした作品とされる。『小公子』はフランシスが初めて書いた児童書である。主人公セドリックのモデルは二男ヴィヴィアンで、ヴェルヴェットのスーツを着たヴィヴィアンの写真をもとに挿絵が描かれた。このフリルの襟がついたヴェルヴェットのスーツは“フォントルロイ（小公子）・スーツ”と呼ばれて大ヒット。『クマのプーさん』の作家A・A・ミルンが、小さい頃にこの服を着て撮影した写真が残っている。『小公子』は商業ベースに乗り、洋服はもちろん、小公子グッズ――トランプ、便箋、おもちゃ、香水、チョコレートまで発売されたほど。
上：『小公子セドリック』（西村書店）。イラストはグラハム・ラスト。

精力的に作品を発表する

イーディス・ネズビット同様、当時人気女性作家だったのがフランシス・ホジソン・バーネット（旧姓フランシス・イライザ・ホジソン）です。フランシスも、イーディスと同じように、最初は大人向けの作品を書き、また生活していくために作家を続けざるをえませんでした。どちらも幼いときに父を亡くし、息子を病気で亡くしたこと、再婚していることも共通しており、フランシスのほうが九歳年上ですが、奇しくも二人は同じ年に亡くなっているのです。

　中流階級の女性は当時働くことをしませんでしたが、二人とも男性優位の出版界で、偏見《へんけん》に屈することなく作品を精力的に発表し続けました。同時代の他の作家たちにも大きな影響を与えた二人に、日本ではあまり注目が集まっていないのは残念なことです。

　フランシスは、綿織物で財を成した裕福な中流階級の家に生まれます。三歳のとき、父が脳卒中で亡くなり、その後、母が父の事業を引き継ぎますが、不況で商売が行き詰まり大きな家を手放しました。さらにアメリカで南北戦争が起きた

ケント州ロルベンデンにある「メイザム・ホール」。メイザム・ホールの借地権が切れ、売りに出されることになったあと、フランシスは「メイザムは私のホームでした」と親しい友人に書いている。
上：現在の建物はその後建て直されたものだが、当時の豪華な趣を残している。フランシスが借りていた当時、作家のヘンリー・ジェームズとラドヤード・キップリングも近くに家を借りていて、フランシスの友人でもあった。
右：フランシスが住んでいた頃のメイザム・ホール。
下：この背付き長椅子はフランシスが暮らしていた頃からこの屋敷にあったもの。

column

ヴィクトリア女王

ヴィクトリア女王が統治した1837年～1901年は、ヴィクトリア朝として知られています。産業革命が発展し、広大な植民地を支配し、国際社会も安定しており、大英帝国の繁栄時代。1851年のロンドン万国博覧会はその象徴とされています。恋愛結婚をした女王と夫のアルバート公の仲は大変によく、９人の子宝にも恵まれ、理想の家庭像として国民の間で支持されました。白いウエディングドレスが結婚の定番となったのも、女王が着たからだといわれています。ドイツのクリスマスの風習が英国に根づいたのも、夫のアルバートが持ちこんでからです。

ヴィクトリア朝作家にあげられるフランシスも、ルイス・キャロル（後述）も、女王の熱心な崇拝者でした。フランシスは息子２人を連れて、ヴィクトリア女王即位50周年に当たる1887年にはお祝いムードに沸き立つ英国を訪ね、記念パレードも見ています。

上：壁に囲われた庭に入るには、壁にはめこまれた木戸を開けて入る。物語ではこの木戸に鍵がかかっていて誰も入れないようになっていた。
中：フランシスのバラ園があった場所に残っていたあずまや。フランシスはここで執筆することもあった。
下：フランス種の「マダム・ローレット・メシミー」。フランスのギヨによって1887年に作出された。強くフルーティーな香りがする。

上：1909年版『小公女』の挿画はエセル・フランクリン・ベッツ。
© Mary Evans Picture Library
左：『リトルプリンセス　小公女セアラ』（西村書店）。イラストはグラハム・ラスト。

ことで綿の英国への輸入が止まり、一家は仕事を失ってしまいます。そんなとき、アメリカのテネシー州に住むおじから仕事を手伝ってほしいと頼まれ、フランシスの母はアメリカへ旅立つことを決心しました。フランシス一五歳のときです。

　今までとは違う土地での貧しい生活。お話を創ることが得意だったフランシスは、少しでも生活が楽になればと、雑誌に物語を投稿《とうこう》することにしました。紙と切手を買うお金もなかったため、野ぶどうを摘んでそれを売ったそうです。初めての投稿は却下されましたが、二度目に送った雑誌『ゴディーズ・レディース・ブック』が採用。フランシス一八歳、報酬を得る作家が誕生しました。

息子たちの要望で
児童向けの物語を書く

　フランシスはその後、順調に作家として活躍するようになり、母が亡くなったあとは一家の大黒柱として作品を次々と生み出していきます。医師のスワン・バーネットと結婚したあとも機械のように仕事を続けながら二人の息子を育てます。『小公子《しょうこうし》』はフランシスが書いた初めての子ども向けの物語です。二男のヴィヴィアンが「ママは大人のための物語ばかり書いているから、ぼくたちはいま、ちっともママと一緒の時間が持てないんだよ。小さな男の子が読みたくなるような本を書いてみてくれない？」と頼んだのがきっかけ。フランシスは幼い息子たちに、その日書いた原稿を読んで聞かせ、さびしい思いをさせた〝埋め合わせ〟をしたのでした。

『小公女《しょうこうじょ》』はそのあとに書かれたもので、はじめは『セーラ・クルー――ミンチン女学園で起こったこと』というタイトルの短編でした。数年後、長編に書き直し、タイトルも新たに『小公女』としました。『小公子』も『小公女』も現在まで読み継がれ、映画化、アニメ化もされている名作です。

　とはいえ、フランシスの代表作として知られるのは『秘密の花園』ではないでしょうか。これは出版された当時はあまり話題にはならなかったそうです。満たされない思いをしているメアリーとコリンが秘密の庭を見つけ手入れをするうちに、心も体もそして庭も、大きく成長していく物語。フランシスはアメリカで暮らすようになってからも時々英国を訪れてすごしており、一八九八～一九〇七年まで「メイザム・ホール」という古いマナー・ハウスを借りていました。ここの庭が、物語の秘密の庭のモデルです。英国の上流階級をモデルにした作品をよく書いたフランシスは、その生活に憧れており、また庭を持つことも小さな頃からの夢でした。それがやっと実現し、フランシスは家や庭を整えることに夢中になります。

column

インド

英国は18世紀中頃からインド植民地支配を推し進め、1857年のインド大反乱を武力で鎮圧《ちんあつ》。それまでは東インド会社に植民地統治を請け負わせていましたが、本国政府の直接統治に変え、1877年にヴィクトリア女王がインド皇帝を兼ねる「インド帝国」を成立させました。

『秘密の花園』で、英国人であるメアリーがインドに住んでいるのは、英国人の父が軍人としてインドに赴任していたからです。子育ては英国同様に乳母に任され、母親は社交に大忙しです。両親がインドで大流行したコレラにかかって亡くなったため、メアリーは英国の伯父に引き取られます。コレラの大流行は実際に1863年から何度か起きています。

『小公女』のセーラも、インドで育っており、教育のために英国の寄宿学校へ入学することになります。父親はインドでダイアモンド鉱山の採掘に乗り出すとセーラに知らせますが、ダイアモンドが世界で最初に発見されたのはインドで、18世紀前半までは産出国といえばインド、ダイアモンドを「インド石」と呼んでいたほどです。セーラの時代はインド以外の産地が主流になってきており、そんな中で鉱山採掘に夢をかけるというのはかなりの冒険だったといえます。インドは第二次世界大戦後の1947年に独立しました。

マナー・ハウスの庭から物語が生まれる

フランシスはメイザム・ホールで、高いレンガ塀に囲まれ長い間閉じられていた、荒れた菜園を見つけ、そこを一年かかって、美しいバラ園に作りかえることを決めます。三〇〇〇本のバラ（マダム・ローレット・メシミー）を取り寄せてできあがったバラ園は、フランシスにとって大事な場所になり、晴れ間がのぞけば、白いレースのドレス姿に、同じくレースで縁取りしたつば広の帽子をかぶって執筆もしました。

『秘密の花園』の最初の構想を得たのも、このバラ園です。葉に覆《おお》われた壁につけられた小さなドアを開けたとたん近づいてきたコマドリと仲良くなったときのことだったといいます。コマドリはつきあい方を心得れば、ほとんど犬と同じくらい人になつくのだと、フランシスは大感激しました。

『秘密の花園』を読めば、フランシスが実際に庭仕事を知っており、単に庭師たちに「あそこは多年草の植え込みにしてちょうだい」と命じる程度ではなかったことは明らかです。フランシスの手紙を見ると、苗木の植え替えや、刈り込みを自ら行っていたことがわかります。著書『庭で』（未邦訳）の中で、フランシスは次のように述べています。「少なくとも屈強な男二人分の体力があって、すべて

2016年に新潮文庫から出た『秘密の花園』。表紙の絵は酒井駒子。

ハーパー・コリンズ社から出版された100周年記念版『秘密の花園』。挿画はターシャ・テューダー。

1911年版『秘密の花園』の挿画はチャールズ・ロビンソン。

『秘密の花園』の舞台になっているヨークシャーのムア（荒野）。海のようだとメアリーは初めて訪れた日に語っている。夏になるとヒースやヘザーと呼ばれるエリカ属のピンクや紫色でじゅうたんのようになる。エミリー・ブロンテの『嵐が丘』の舞台もヨークシャーのムアだ。

1911年版『秘密の花園』の挿画はチャールズ・ロビンソン。

の仕事を自分の手でできたら、とずっと思っていた。何もかもが好きなのだ。掘るのも好き。花壇の端の芝生にひざまずき、雑草を力いっぱい引き抜き、わきに放り投げて山にするのも好き。ほとんど一夜にしてよみがえって苦しめられる雑草とたたかうのも好き。幾度となく根こそぎ引き抜き、何日もたって、ついに少なくとも一時は打ち負かしたと思えたら、その場を去るときはまるで旗を掲げた軍隊のような気分だ」。

　フランシスはブタクサとスベリヒユを毛嫌いし、ペチュニアやヒャクニチソウ、マリゴールドといった〝古風な花〟を心から愛していたそうです。

column

作家の著作権

フランシスは、英国で生まれ育ったのちアメリカに移住。アメリカで作家になりましたが、フランシスの小説は故国・英国でもベストセラーになります。アメリカの著作権法は当時、英国では適用にならず、フランシスは英国版の印税を得ることができませんでした。２冊目の単行本では英国版でも印税を獲得したかったフランシスは弁護士に相談。英国版の出版当日に英国領土にいれば、印税を受け取る権利が認められると知り、フランシスはカナダ（当時はまだ自治領）へ入って印税を手にしました。

しかし、英国の著作権法は、演劇には適用されていませんでした。英国の劇作家が自分の作品を無断で演劇に使用するのを防ぐ手立ては何もなかったのです。苦い経験を味わったフランシスは、1885年に出版した『小公子』では泣き寝入りをしませんでした。シーボームという作家が、フランシスの許可なく勝手に『小公子』の舞台脚本を書き、ロンドンで公演。

世間の風当たりを気にして、利益の半分をフランシスに支払うと手紙を書いてきましたが、フランシスは屈しません。自分で『小公子』の舞台脚本を書き、公演。シーボーム対フランシスの舞台競争は、もちろんフランシスの勝利。さらに弁護士を雇い、シーボームを1842年制定の著作権法違反で告訴。その法律では、どの本の舞台化も認めていますが、原文をそのまま使ってはならないと規定していたのです。シーボームの脚本はほとんど原文のまる写しだったため、フランシスが勝訴。

これが前例となり、以後劇作家は原作者の許可なしに脚本を作ることはできなくなります。英国作家協会はフランシスの功績を讃えるために晩餐会を催したほどです。アルフレッド・テニソン卿からは祝福の電報が届きました。

上：メアリーがお世話になるミスルスウェイト屋敷は100も部屋があるという大邸宅、上流階級の屋敷。ヨークシャー・ムアに建つ、600エーカーの大邸宅「フリストン・ホール」がモデルとされており、フランシスは1895年、家主のクルー卿から招待を受けた。クルー卿の奥方、シビルは３人の娘を残して、結婚７年目に他界。部屋には、亡くなる直前に描かれた奥方の肖像画がかかっていた。この事実が『秘密の花園』に反映されと思われる。フリストン・ホールはその後取り壊されてしまったが、同じヨークシャーにある「カッスル・ハワード」がミスルスウェイト屋敷を彷彿とさせる。

下：カッスル・ハワードの庭。物語のようにレンガ塀に囲まれ、庭師によって美しく手入れされている。

「庭があれば、未来がある」

メイザム・ホールを離れなければならなくなったフランシスは、ニューヨークのプランドームという町の、マンハセット湾が見渡せる土地を購入し、自分の理想の家と庭を作りました。「晴れの邸宅（フェア・シート）」と名づけたその家は、フランシスの心休ませる場所になりました。庭が見える二階の書斎、ときには庭で執筆を続け、最期もこの家で息を引き

column

家庭菜園《キッチン・ガーデン》

使用人を何人も雇っている大屋敷において、食料をまかなう菜園や果樹園の存在も大きなものでした。物語を読むと、ミスルスウェイト屋敷には、少なくとも一つの果樹園、三つの菜園があるのがわかります。財力を誇示するために豪華に装飾をほどこした庭園とはしっかりと区別され、塀で仕切られています。塀で仕切られた庭は「ウォールド・ガーデン」と呼ばれ、英国の庭ではよく見られます。

物語にも描かれているように、果樹は塀のそばに植えられました。塀のレンガが昼間吸収した熱を、夜まで保っているからです。また、菜園や果樹園を塀で囲うのは、内部を暖かく保ち、早く熟させるため。18世紀後半には、より早く熟させるために、熱湯を流すパイプを塀に取り付けた「ホット・ウォール」も普及したそうです。

メアリーが小道のどんづまりに菜園を見つけたように、華やかさのない菜園は、立派な屋敷の風景には似合わないため、普通、屋敷から離れたところに設けられました。堆肥《たいひ》の匂いの遮断、動物や泥棒から作物を守るために塀で仕切るという別の目的もあります。閉鎖され、殺風景とはいえ、菜園は散歩にうってつけの場所で、腰をおろせる日陰や、ハーブの植えられている花壇、日時計や噴水といったちょっとした飾りつけもあったようです。

ヴィクトリア朝の、クレイヴン氏のような上流階級の菜園の広さは、1.5〜5エーカーで、１エーカーに対して２人の庭師が必要だったそうです。また、菜園の半分は、四つに分けられ、“クオーター（¼）”と呼ばれました。クオーターそれぞれに、違う種類の作物が植えられました。菜園のもう半分は、“スリップ・ガーデン”と呼ばれ、塀で囲ってはいません。灰や木の葉、庭から出たゴミなどを堆肥にする場所として使われ、そこでできた質のよい堆肥をまた菜園で使うのです。

ヴィクトリア朝には、今とは比べものにならないほど多くの種類の野菜が植えられていて、食卓をにぎわしました。種子カタログにはなんと、170種類もの豆、150タイプのメロン、58種類のビーツが掲載されていたといいます。

取りました。

最後の原稿となった『庭で』の中で、フランシスはこう書いています。「庭があれば、未来がある。そして未来があれば、生きていける！」と。フランシスにとっての庭は、まさに生きる力であり、

「カッスル・ハワード」の菜園。

フランシスの最後の作品となった『庭で』の表紙。中にはフランシスの家の庭の写真が何枚も掲載されている。

column

コテッジ・ガーデン

ミスルスウェイト屋敷の広大な庭と対比するように描かれているのが、小作人の子・ディッコンの庭です。コテッジの周りに、低い石の垣根をめぐらした小さな庭で、草花と野菜が一緒に植えられています。レンガを買って塀を作る余裕がないので、ムアから石を集めてきて、庭を囲ったのでしょう。動物が庭を荒らさないように、石壁の外側の土を掘って深い溝を作っていたと思われます。

狭いスペースを最大限に活用する「コテッジ・ガーデン」は、土が見えないほどぎっしり花を植えることで、雑草の生える隙間をなくします。また、庭師もいないので手入れは決して行き届いていません。そのため、植物は計画性なくのびのびと育ち、それがコテッジ・ガーデンの魅力の一つになっていました。コテッジに植える花の種類はだいたい決まっており、タチアオイ、ヒマワリ、アイリス、ナデシコ、カーネーション、オダマキ、サクラソウ、ユリなど。19世紀以降の比較的新しいものとしては、ダリア、ゼラニウム、ニオイアラセイトウ、ヒエンソウなどです。花木ではバラ、リンゴ、ライラックが定番で、モクセイソウやラベンダーのような香りのよいハーブも大切に育てられました。ミツバチの巣箱はコテッジ・ガーデンには欠かせません。また、壁にツル性の植物を這わすのも、コテッジ・ガーデンらしい工夫でした。ディッコンのコテッジ・ガーデンもこうした花やハーブが植えられていたことでしょう。

「ライデル・フォーク・ミュージアム」には、当時のヨークシャー地方の典型的な茅ぶき屋根のコテッジが残っている。

庭師のいる豪華な家の庭も、貧しい家の庭も、愛情を込めて手入れされ、愛されているという点では同じ——フランシスはそういうことを伝えたくてあえてディッコンの庭を描写したのかもしれません。

自分を存在たらしめる永遠の楽園だったのでしょう。そういう意味では『秘密の花園』がフランシスの作品の中でとくに評価されているということは、フランシス自身、喜んでいるのではないでしょうか。

メイザム・ホールの周りは公園で、散策を楽しむことができる。フランシスが“妖精の木”と呼び、その葉を“メリー・リーフ”として大切にしていた木がまだ残っていた。フランシスは『おばあさんの不思議議な椅子』（未邦訳）が再版される際、序文に「その葉を持っていると、愛されずにはいられなくなり、仕事をうまくいかせずにはいられなくなる」と書いている。木の種類は、リンデン（シナノキ）で、英国ではライムと呼ばれている。小さなクリーム色の花には芳香があり、葉はハーブ・ティーに利用される。

第4章

『ピーター・パン』

作者

J・M・バリ

James Matthew Barrie

1860年　スコットランドのキリミュアに生まれる。
1867年　兄、死去。
1882年　エディンバラ大学を卒業。
1883年　新聞社に入社するが、翌年退社。
1885年　ロンドンに出て、フリーランスのジャーナリストになる。
1888年　『旧光派の牧歌』が出版され、大人気に。
1892年　初の戯曲「リチャード・サベジ」初演。
1894年　女優メアリー・アンセルと結婚。
1897年　ケンジントン公園でデイヴィーズ家の子どもたちと知り合う。
1902年　『小さな白い鳥』出版。
1904年　「ピーター・パン」初演。
1906年　『ケンジントン公園のピーター・パン』出版。
1910年　妻と離婚。シルヴィア・デイヴィーズが死去、その子どもたちの後見人となる。
1911年　『ピーター・パンとウェンディ』出版。
1913年　準男爵の称号を授かる。
1922年　メリット勲章(OM)を授与される。
1937年　ロンドンで死去。

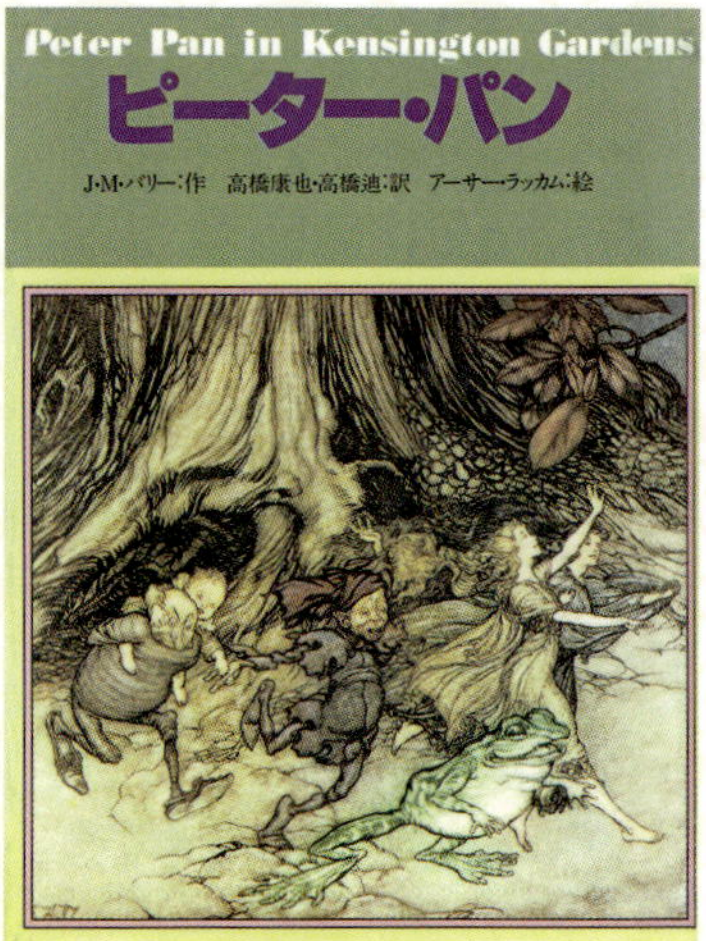

高橋康也・高橋迪訳、新書館。表紙はアーサー・ラッカム。

「ピーター・パン」の初演が行われたロンドンの「デューク・オブ・ヨーク劇場」。ピーター・パン役はニナ・ブーシコー。バリは男優を希望したが、イングランドのおとぎ芝居の伝統にしたがって女優が選ばれた。当時、チャーリー・チャップリンがこの劇場でシャーロック・ホームズ劇の端役をつとめており、「ピーター・パン」の公演に狼の一群の1頭として出演したといわれている。チャップリンは1921年に英国へ帰国した際、バリに会っている。

大ヒットした舞台

一九〇〇年代初期、「ハリー・ポッター」シリーズと似た熱狂を巻き起こしたのが、ジェームズ・マシュー・バリの『ピーター・パン』でした。バリは大人向けの小説や、戯曲作家で、子ども向けに書かれた物語はこの『ピーター・パン』だけです。もともとは戯曲として一九〇四年に公演。予想以上の反響で、当たりに当たりました。アメリカ公演もされ、マーク・トウェインもすばらしい作品だと絶賛しました。

テレビがまだ普及していない時代、妖精や人魚、海賊などの登場人物が、劇という目に見える形となって現れ、ワイヤーに吊るされて本当に飛んでいるように見えるなど、楽しく動き回ることで、子どもたちだけでなく大人の心までとらえたのです。妖精は信じてもらえなければ死んでしまう、死にかけているティンカーベルを助けるために、ピーターは観客の子どもたちに、信じているなら拍手を

グロスター・ロード133番地のこの家に、バリは1895～1902年まで住んだ。ケンジントン公園まで歩いて約15分、散歩にちょうどいい距離だ。『小さな白い鳥』を書いたのはここ。

ケンジントン公園の北側を走るベイズウォーター・ロード。高級住宅街である。100番地のこの家には1902～1909年まで暮らした。家の壁には青いプラークがかけてある。ここで「ピーター・パン」の脚本、『ケンジントン公園のピーター・パン』が書かれた。

上：アーサー・ラッカムが描くピーター・パンの世界も独特。
下：ケンジントン公園内にあるサーペンタイン池の中の小島にピーターが住んでいると描写されているが、その池も小島も実際にある。

して！ と頼みます。これは舞台ならではの演出です。

子どもはみな、生まれる前はケンジントン公園にいる小鳥

「ピーター・パン」は、バリが一九〇二年に出版した『小さな白い鳥』という小説がもとになっています。『小さな白い鳥』は、ケンジントン公園での、デイヴィーズ家の子どもたちとのふれあいから生まれたもの。子どものいない作家（おそらくバリ）が、デーヴィッドという小さな男の子（おそらくデイヴィーズ家の長男ジョージ）をもつ夫婦をひそかに助けるというストーリーです。その作家がデーヴィッドに話したのが、ピーター・パンでした。——子どもはみな、生まれる前はケンジントン公園にいる小鳥で、大人は子どもがほしいと思ったらケンジントン公園に行って小鳥をつかまえる。ピーター・パンは生後一週間の赤ん坊で、まだ小鳥の状態で子ども部屋から公園へ逃げ、帰る気になって戻ったときには窓が閉まっていて帰ることができなくなってしまった。こうして人間と鳥の間にある、妖精のような赤ちゃんピーターは、ケンジントン公園で暮らすことになった——と。

『小さな白い鳥』は評判になり、自分の子どものことを本に書いてほしいと願う母親たちがケンジントン公園でバリを待ち伏せするほどでした。バリの小説でケンジントン公園は有名になり、そのお礼として、ケンジントン公園の保護官であるケンブリッジ公爵から、公園に自由に出入りできるバリ専用の鍵が贈られました。バリはどんなに喜んだことでしょう。

1904年の公演の宣伝ポスターをポストカードにしたもの。©Mary Evans Picture Library

こうしてバリは、ピーター・パンを主人公にした戯曲を書きます。初演から大評判になった「ピーター・パン」ですが、バリが最初にアプローチしたアメリカの興行主からは即座に断られました。しかし英国の興行主は戯曲を読むなり夢中になり、興奮しました。すぐに準備にとりかかり、費用も惜しまないと言ったそうです。

子どもたちとの遊びの中からピーター・パンは生まれた

一九〇六年、バリは『小さな白い鳥』から、ピーター・パンの部分を抜き出し、『ケンジントン公園のピーター・パン』として出版。バリが自らアーサー・ラッカムに挿画を依頼し、美しいカラー挿画が五〇枚も入っていました。ラッカムは実際にケンジントン公園に行ってスケッチし、一年近くかけてこの挿画を描きました。この本はクリスマス・プレゼントとしてベストセラーになりました。

『ケンジントン公園のピーター・パン』の献辞には〝シルヴィアとアーサー・ルエリン・デイヴィーズ夫妻と、その子どもたち（わたしの子どもたち）へ〟とあります。デイヴィーズ家の子どもたち（ジョージ、ジャック、ピーター、マイケル、ニコラス）の中で、ジョージとジャックが、『小さな白い鳥』のきっかけになった男の子です。愛犬ポーソスを伴ってケンジントン公園での散歩を楽しんでいたバリは、デイヴィーズ家の子どもたちと仲良くなり、一緒に遊ぶようになります。バリが物語を話して聞かせ、二人の男の子がポーソスと一緒にそれを演じるのです。

その様子は、二〇〇四年公開（日本公開は二〇〇五年）の映画「ネバーランド」に実に生き生きと描写されています。この映画は『ピーター・パン』生誕一〇〇周年を記念したバリの伝記的映画で、ピーター・パン誕生のいきさつを中心に描かれています。映画での子どもたちは実際の子どもたちの年齢より高く設定してあり、ピーターがピーター・パンのモデルのようになっていますが、実際は当時五歳だった長男ジョージがバリのお気に入りで、大きな影響を与えました。

デイヴィーズ家の子どもたちとのごっこ遊びは、ケンジントン公園だけでなく、夏の休暇をすごしたブラック・レイクの別荘でも繰り広げられました。ブラック・

映画「ネバーランド」でもロケが行われたケンジントン公園。緑が豊かで、ジョギング、犬の散歩、ピクニックなどをする人々で賑わう。今でも夜の間は施錠される。バリは専用の鍵をもらったので、どんな時間にでも入ることができた。

アーサー・ラッカムが描く赤ちゃんピーター。

レイクの岸辺で、バリはデイヴィーズ家の子どもたちとのごっこ遊びの写真を自身で何枚も撮影し、『ブラック・レイク島の少年漂流記』という二冊きりの特別な本に仕上げたほどです。バリは現実の子どもたちとの遊びを通じて、簡単に少年時代へ戻ることができました。バリが『ピーター・パン』を創り上げられたのはこの子どもたちのおかげであり、『ピーター・パン』以外の子ども向けの作品を書かなかった理由もわかる気がします。『ケンジントン公園のピーター・パン』が出版されてすぐ、子どもたちの父親アーサーがガンで他界。その四年後、母親シルヴィアもガンで亡くなるという悲劇が起こります。バリはシルヴィアの希望をくみ、残された五人の子どもの後見人《こうけんにん》を喜んで引き受け、援助も惜しみませんでした。

　執筆中だった『ピーター・パンとウェンディ』はシルヴィアが亡くなった翌年に世に出ました。これが、私たちが現在親しんでいるピーター・パン物語です。

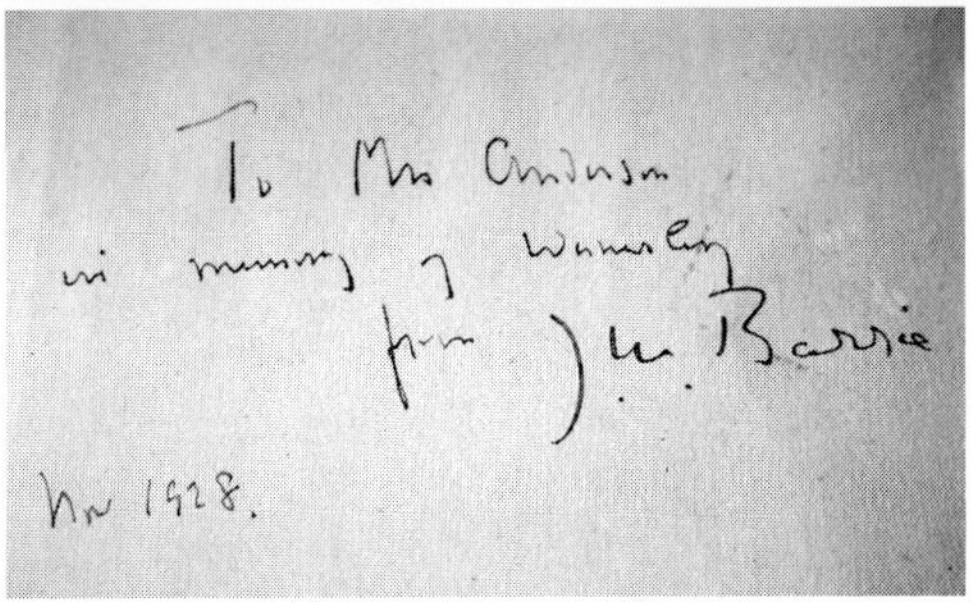

ブラック・レイク。個人の所有地なので中に入ることができないが、ボブ・マティアス氏のご厚意で見せていただくことができた。マティアス氏の曾祖母・アンダーソン夫人はこの一帯の所有者で、アンダーソン夫人へ贈られたバリのサイン入り本も見せてくださった。To Mrs.Anderson in memory of Waverley Nov. 1928 とある。ブラック・レイクのすぐそばにはウェイバリー修道院（イングランドで初めて建てられた12世紀の修道院）跡がある。

　バリは悲しみに打ちひしがれるデイヴィーズ家の子どもたちを見て、自分の子どもの頃を思い出したのではないでしょうか。バリは六歳のときに、スケート事故で兄のデーヴィッドを失いました。兄は母のお気に入りだったので、悲しみに暮れた母は、部屋から出てこようとしません。幼いながらもバリは母を喜ばせるために、兄の洋服を着て、兄のくせであった口笛をまねます。母は少しずつ笑うようになり、バリは母が一日に何回笑ったかを数えては往診に来た医者に伝えていたそうです。

　バリの最後の戯曲は『少年デーヴィッド』です。少年のまま亡くなった兄を、バリは生涯忘れることはなく、〝大人にならない永遠の少年〟ピーター・パンの発想も兄の死から得たイメージだったのかもしれません。兄の死から、バリは違う人物の真似をして人を笑わせたり、ごっこ遊びをするのが得意になっていきます。

　六二歳になったバリは「『ピーター・パン』を書いたずっとあとに、その本当の意味がわかった気がする——必死で大人になろうとするが、なれない、という」自分に気がつくのです。〝大人にならない〟のではなく〝大人になりたがらない〟ピーター・パンは、実はバリ自身の投影でした。

今もピーター・パンはそこにいる

　女性に興味がないのに結婚をし、子どもはついになく、妻との時間より他人の子どもたちとのごっこ遊びに夢中になるバリ。妻の浮気によって離婚し、子どもたちの後見人にはなりますが、亡くなるまで独身のまま暮らしました。バリが味わったであろう私生活での孤独や葛藤《かっとう》は、すべて仕事に向けられたようです。

　スコットランドの片田舎の、労働者階級に生まれたバリは、作家を夢見てロンドンへ出て、努力の末に、準男爵《バロネット》の称号、メリット勲章（ＯＭ）を授かるほどに成功します。最大の成功は、バリが唯一子ども向けに書いた『ピーター・パン』でした。「私はピーター・パンの劇を書いたという記憶がまったくない」とバリは述べています。まさに天からの啓示《けいじ》で生まれた作品だったのです。

　すばらしい公園がたくさんあるロンドンで、ケンジントン公園は特別です。ピーター・パンが生まれた場所であり、ピーター・パンが実際に笛をふいて私たちを迎えてくれているのですから！『ピーター・パンとウェンディ』が出版された翌年、バリ自身が子どもたちのために、ピーター・パン像を公園内に設置（それも予告なく突然出現させたという粋《いき》なはからい）。バリはピーター・パンに扮したマイケル・デイヴィーズ（デイヴィーズ家の四男）をモデルにしてほしいと彫刻家に写真を渡したのですが、別の男の子をモデルにしていたため、不満だったとか。

　また、バリは『ピーター・パン』の印税や興行収入をすべて小児病院に寄付することも決めています。バリは最後まで、子どもたちのためにできることをやり遂げた作家だったといえるでしょう。

今も変わらずケンジントン公園にあるピーター・パンの像。バリ自身が、子どもたちのために自費で設置した貴重なもの。

1907年版『ピーター・パン・ピクチャーブック』より。挿画はアリス・B・ウッドワード。©Mary Evans Picture Library

column

スコットランド

“イギリス”という名前は日本だけでの呼び名です。正式名は「グレート・ブリテン及び北アイルランド連合王国（ユナイテッド・キングダム／UK）」。スコットランド、イングランド、ウェールズという三つの異なった国が併合してできあがっています。もともと別の国だったので、言葉も文化も気質も違い、とくにスコットランドは2014年にUKからの独立を問う国民投票が行われたほど、独立意識が根強く残っています。

今は英国全体の象徴とされているタータン、バグパイプ、マーマレード、スコーンなどはもともとはスコットランドのものでした。また、世界的に有名な発明家や文学者も、出身を見るとスコットランドが圧倒的に多いのです。詩人のロバート・バーンズ、文豪ウォルター・スコット。作家ではJ・M・バリをはじめ、ジョージ・マクドナルド、アンドリュー・ラング、アーサー・コナン・ドイル、ロバート・ルイス・スティーブンソン、ケネス・グレアム（後述）もスコットランド出身です。

スティーブンソンはスコットランドを舞台にした子ども向けの冒険小説『さらわれたデーヴィッド』（1886年発表。福音館書店が邦訳）を出版。地元を知っているからこその躍動感があります。また、スコットランド出身の作家ではありませんがローズマリー・サトクリフのスコットランドの歴史をもとにした『はるかスコットランドの丘を越えて』（ほるぷ出版が邦訳）もお勧め。サトクリフは英国の歴史小説やファンタジー小説を数多く出版。1975年には大英帝国勲章（OBE）を受勲。『第九軍団のワシ』（1954）は映画化もされました。

エディンバラの、スティーブンソンが住んでいた家には表示がある。

コナン・ドイルは「シャーロック・ホームズ」シリーズで有名。ホームズが住んでいたロンドンのベイカー街221B番地にある「シャーロック・ホームズ・ミュージアム」。

第5章

『不思議の国のアリス』『鏡の国のアリス』

作者

ルイス・キャロル

Lewis Carroll

1832年　イングランドチェシャー州のダーズベリに生まれる。
1851年　オックスフォード大学クライスト・チャーチ学寮に入学。母、死去。
1855年　クライスト・チャーチ学寮の特別研究員に任命される。
1862年　学寮長ヘンリー・リデルの娘たち３人とボート遊びをする。
1863年　ボート遊びで話して聞かせたお話をまとめた手稿本『アリスの地下の冒険』(日本では地下の国のアリス)が完成。
1865年　『不思議の国のアリス』出版。
1868年　父、死去。未婚の妹たちのためにギルフォードに家を購入する。
1871年　『鏡の国のアリス』出版。
1886年　『アリスの地下の冒険』の複製本が出版。
1890年　『子ども部屋のアリス』出版。
1898年　ギルフォードの家で死去。

『不思議の国のアリス』（新書館）の表紙の絵は、アーサー・ラッカム。

キャロルが生まれたダーズベリのオール・セインツ教会に飾られている、キャロルを記念するステンドグラスの一つ。

オックスフォード大学出身の有名作家

オックスフォード大学は、ケンブリッジ大学と並ぶ名門大学。どちらも学寮（コレッジ）で構成されており、オックスフォードは三九、ケンブリッジは三一の学寮があり、これら学寮を総称して「オックスフォード大学」「ケンブリッジ大学」と呼んでいます。

日本では大学を一般に公開することはまずありませんが、オックスフォードもケンブリッジも（入場料をとる場合が多い）見学ができるようになっており、学生のいないときはその寮に宿泊することもできるので、観光客にも人気です。

オックスフォード大学出身で有名作家の一番にあげられるのが、『不思議の国のアリス』の作者ルイス・キャロル。本名チャールズ・ラトウィッジ・ドッドソン。〝ルイス・キャロル〟は文学作品を書くときのペンネームです。ルイス・キャロル宛てで大学にきた手紙は送り返し、訪ねてきた人には「ルイス・キャロルという人はいません」と言っていたとか。こうしたところからも、キャロルが人気に流されない、自分をしっかり持った几帳《きちょう》

オックスフォード大学は歴代首相、ノーベル賞受賞者など、有名人を多数輩出している歴史のある世界的名門。中央にそびえるのがクライスト・チャーチ学寮のシンボル「トム・タワー」。

『不思議の国のアリス』より。テニエル画。

クライスト・チャーチ学寮前にある「アリス・ショップ」。『鏡の国のアリス』で、編み物をするヒツジのおばさんのお店のモデルとなった。

column

カメラ

世界で初めてカメラが発売されたのは1839年。ダゲレオタイプ（銀板写真）のカメラです。キャロルは1855年に叔父からカメラを教えてもらい、翌年には機材一式を購入しています。キャロルが購入したのはダゲレオタイプから発展した、より扱いやすいコロジオン湿板式のカメラでした。コロジオン式の発明によってカメラを扱う層が増え、アマチュア写真家が数多く出現。キャロルもその１人です。

かなりの腕前で、クライスト・チャーチの自室にスタジオを作ったり、撮った写真に手を加えるなどのこだわりを持っていました。少女ばかりを撮っていたと思われがちですが、風景、有名人の肖像写真などもあり、どれもアマチュアの域を超えた完成度の高いものです。

重厚な格式の中で、優しい雰囲気を醸し出しているのが、クライスト・チャーチの売店や、オックスフォードのお店のあちこちに顔を出しているアリス・グッズだ。

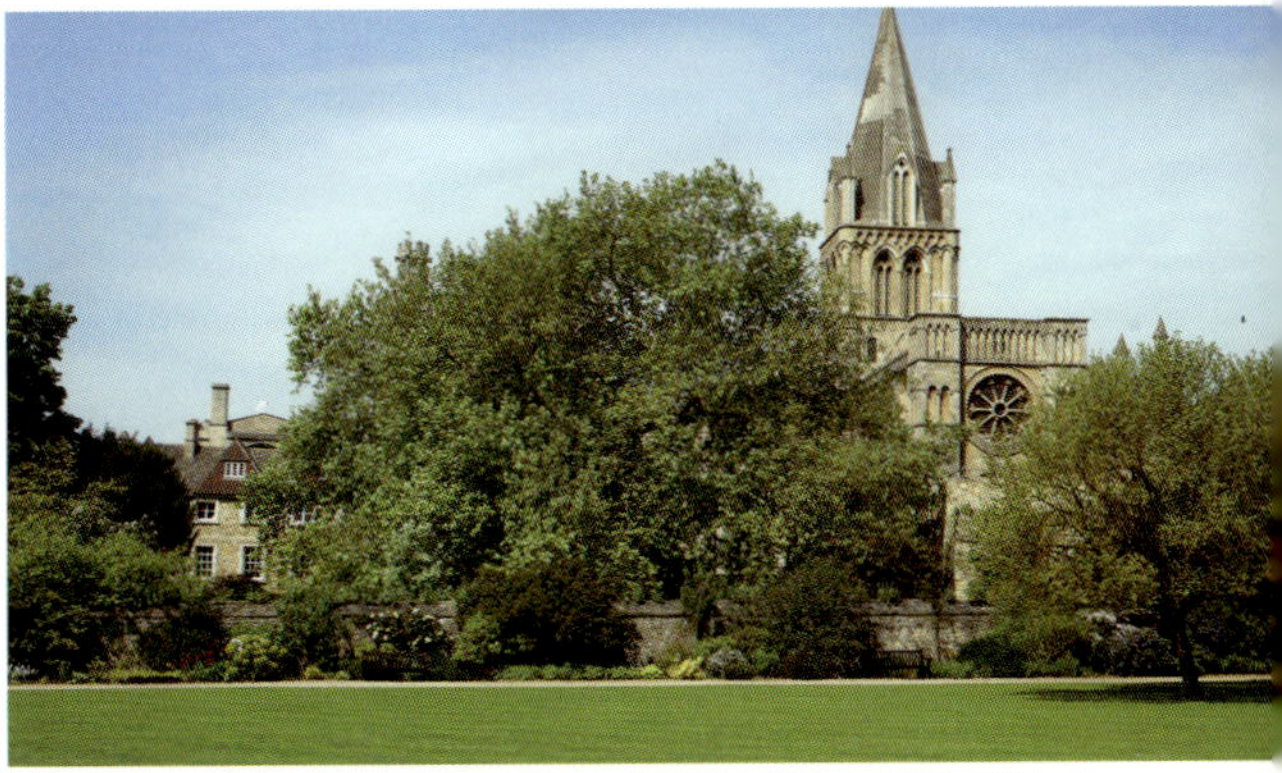

『不思議の国のアリス』で、アリスが辿りつく庭は、アリスたちがよく遊んだ、クライスト・チャーチ学寮の学寮長館の中庭であろう。ここは一般公開されていない。テニエルの挿絵で、チェシャ猫が座っているクルミの木は、学寮長館の中庭に実際にある。アリス・リデルの飼い猫がこの木の枝によく座っていたという。写真は学寮内にある庭の一つ、アリスの庭の雰囲気を味わえる。

面《めん》な人物であったことがうかがえます。

キャロルは牧師の子として生まれ、プレップ・スクール、名高いパブリック・スクール「ラグビー校」を経て、オックスフォード大学クライスト・チャーチ学寮に入学したエリート。成績もよく、大学卒業後はそのまま母校の数学教師として、ずっとクライスト・チャーチですごすことになります。

世界に一冊しかない、手稿本『アリスの地下の冒険』

『不思議の国のアリス』は、書こうと思って書いた作品ではなく、学寮長ヘンリー・リデルの娘たち（ロリーナ、アリス、イーディス）との交流から偶然に生まれたものです。これはバリのピーター・パンとよく似ていますが、キャロルの場合はお話そのものをリデルの娘たちに聞かせたのでした。キャロルは内気で、吃音《きつおん》にコンプレックスを持っていたため、大人よりも、少女とのつきあいに気安さを感じていましたし、少女たちからも慕われていました。両親やきょうだいと楽しくすごした少年時代の、自然な自分でいられたからかもしれません。

リデルの娘たちもよく遊んでいたクライスト・チャーチ・メドウ。キャロルたちはここを横切り、フォリー橋からボートに乗ってピクニックへ向かった。

『鏡の国のアリス』より。
テニエル画。

アリスの物語の誕生のときははっきりしています。それは一八六二年七月四日の午後。キャロルは友人、リデルの娘たちと一緒に、ボートでテムズ川の上流にあるゴッドストウまで行き、川岸でピクニックをしました。そこで、アリスを主人公にしたお話を即興《そっきょう》で作って聞かせたのです。もちろん、他のメンバーも登場させました。ロリーナはインコ（ロリー）、イーディスはワシの子（イーグレット）、友人のダックワースはアヒル（ダック）、自分は「ドードードジソン」と口ごもりながら言っていたことから、絶滅したドードー鳥です。アリスはこの物語がとても気に入り、自分のために書きとめてほ

column

ガイ・フォークス・ナイト
(11月5日)

『鏡の国のアリス』の物語は、ガイ・フォークス・ナイトの前日に始まります。男の子たちはガイ・フォークスの準備のために外で小枝を集め、アリスは猫と遊んでいます。ガイ・フォークス・ナイトは『ハリー・ポッターと賢者の石』、アリソン・アトリーの『時の旅人』、イーディス・ネズビットの『宝さがしの子どもたち』にも登場するほか、『扉を開けるメアリー・ポピンズ』ではメアリー・ポピンズはガイ・フォークス・ナイトの日に、花火となってバンクス家にやってきます。子どもたちは“ガイ”と呼ばれる人形を作ってパレードし、最後にはかがり火が焚かれてその人形を燃やし、盛大な花火もあがります。

このお祭りは実際にあった事件がもとになっています。1605年11月5日、当時弾圧を受けていたカトリック教徒の過激派が、国王暗殺を企て、国会議事堂に爆薬を仕かけようとしたものの失敗に終わります。この火薬爆発事件の実行責任者が、ガイ・フォークスと呼ばれる男。当時、国王が爆発未遂から生き残ったことを記念して、ロンドン中で焚き火が焚かれたといわれ、その後、ガイ・フォークスの火薬爆発事件の失敗に感謝する記念日として、毎年お祝いされるようになったそうです。

大学自然史博物館に展示されている、絶滅したドードー鳥の骨と、骨から再現したドードー鳥。キャロルはアリスなどの少女たちを連れてよくここを訪れていたという。現在、アリスと関連した展示がなされ、白いウサギのはく製もある。

『不思議の国のアリス』より。テニエル画。

しいと頼みました。もちろん、キャロルは大好きなアリスのために書き、時間をかけて自分の手で描いたイラストも入れて、一八六三年にクリスマス・プレゼントとして贈ります。これが、世界に一冊しかない、手稿本『アリスの地下の冒険』です。

ジョン・テニエルの挿画で出版

キャロルは友人で作家のジョージ・マクドナルドに写しを見せました。マクドナルドの子どもたちにも好評だったので、

1916年版『不思議の国のアリス』より。チャールズ・ロビンソンによるアリス。©Mary Evans Picture Library / The Estate of Charles Robinson (TM) / Pollinger Limited

『地下の国のアリス』（安井泉訳・解説、新書館）。キャロルがアリスに渡した手稿本をもとにしているため、イラストはキャロルの手描き。

『鏡の国のアリス』より。テニエル画。

出版を考えるようになります。キャロルは出版の際も自分のイラストを使おうと考えていましたが、友人で作家のジョン・ラスキンからそれはやめたほうがよいとアドバイスされ、尊敬していたジョン・テニエルに頼みました。

テニエルは『パンチ誌』で活躍していた人気挿画画家で、キャロルのイメージを見事に表現しました。現在まで、多くの画家がアリスを描いてきましたが、テニエルの挿画なしでのアリスは想像できないほどの強い魅力を放っています。アリスたちが大人になる前に出版をと、急いでいたキャロルでしたが、キャロルとテニエルはお互いに完璧《かんぺき》をめざして意見をぶつけあい、また、テニエルの筆の遅さも影響して、出版はかなり遅れたといいます。

さらに、テニエルが挿画のモデルにしたのはアリス・リデルではなく、キャロルが撮影したメアリー・ヒルトン・バドコックという少女だったそうです。ともあれ、『不思議の国のアリス』はマクミラン社から一八六五年に出版され（費用はキャロルもちでしたが）、記念すべき七月四日に、アリス・リデルの手に渡されたのでした。黄金のピクニックから三年がたっていました。

column

マザーグース

英国の児童文学を知るうえで、英語の伝承童謡「ナーサリー・ライム」は欠かせません。18世紀に出版された伝承童謡集のタイトルから「マザーグース」という愛称で呼ばれるようになりました。英国では庶民であれ、貴族であれ、子どものときからマザーグースを聞いて大きくなるといわれています。子守歌や物語歌、早口言葉やナンセンス歌など、その数は何百種類もあります。

身近ゆえに、新聞や雑誌、文学作品、映画などあらゆる分野で、マザーグースの登場人物はもちろん、引用やもじり、関連する言い回しが使われています。『鏡の国のアリス』のハンプティ・ダンプティやトゥイードルダムとトゥイードルディーもしかり、『秘密の花園』に出てくる歌「つむじまがりのメアリーさん」しかり。『とびらをあけるメアリー・ポピンズ』にはマザーグースの唄がいくつも引用されています。

アーサー・ラッカムによるアリス。

『鏡の国のアリス』より。テニエル画。

英国の児童文学黄金時代の始まり

『不思議の国のアリス』はすぐに人気になったわけではなく、口コミで広がっていったそうです。それまで、子どもの本は宗教や教育のために書かれるものと思われていたので、当時、このナンセンス物語は自由で、斬新《ざんしん》すぎました。道徳を教えようとしない、子どもが純粋に楽しめるファンタジーの世界を創り出した初めての本として、英国児童文学の歴史上、『不思議の国のアリス』は大きな特別な存在となりました。

アリスが発行された一八六〇年代は、英国児童文学の黄金時代の始まりといわれ、以後、

キャロルが購入したギルフォードの「チェスナッツ屋敷」は小高い丘の上にあり、すぐそばにあるギルフォード城が窓から眺められた。ギルフォード城の周りは公園になっており、『鏡の国のアリス』の像が建てられている。

column

チェス

古い歴史を持ち、世界中で愛されているゲーム「チェス」。英国でもポピュラーなゲームで、使われる駒は「キング（王）」「クイーン（女王）」「ルーク（戦車）」「ビショップ（僧侶）」「ナイト（騎士）」「ポーン（歩兵）」で、将棋のように駒の種類によってそれぞれの動き方が決まっています。『鏡の国のアリス』では、チェスの駒がキャラクターとして活躍するだけでなく、舞台そのものもチェス盤になっているのです。アリスはポーンとなって鏡の国の中を動き、最後はクイーンになります。

『ハリー・ポッターと賢者の石』では、ハリーとロン、ハーマイオニーの３人は賢者の石を手に入れるために、巨大魔法チェスをしなければならないはめに陥ります。映画だとこのシーンはかなりの迫力です。ロンの犠牲によってハリーは勝利するのですが、このあたりもチェスのルールを知っていると楽しさが倍増します。

ジャンルを問わず、質の高い作品が数多く出版されていくのです。英国児童文学の黄金時代は一般に、一八六〇年頃から一九三〇年頃までといわれており、ヴィクトリア女王の治世と重なります。英国が世界の先端を走り、もっとも栄えていた時代に、児童文学も大きく花開いたわけです。

アリスに影響を受けた作家は数え切れません。舞台化、映画化、アニメ化と、映像化への挑戦は現在も続いています。ディズニーによるアニメ化は一九五一年、

『鏡の国のアリス』より。テニエル画。

キャロルは生涯独身だったが、当時は珍しいことではなかった。キャロルは父の死後、独身の姉妹たちのために、サリー州ギルフォードのチェスナッツ屋敷を購入。キャロル自身はオックスフォードに住んでいたがよくここを訪れ、亡くなったのもこの家である。

『鏡の国のアリス』より。テニエル画。

『子ども部屋のアリス』（安井泉訳・解説、七つ森書館）。表紙と裏表紙の絵は、テニエルではなく、エミリー・ガートルード・トムソン。キャロルがトムソンの絵を気に入り頼んだという。

『鏡の国のアリス』。どちらも角川文庫だが、右がおなじみテニエル、左が和田誠の表紙である。

今も確固たる人気を誇っています。二〇一〇年公開の実写映画「アリス・イン・ワンダーランド」は、一九歳になったアリスという設定のオリジナルストーリーではあるものの、ティム・バートン監督、ジョニー・デップ主演という豪華さに加え、CGを駆使した現代的な不思議ワールドで、ヒットを飛ばしました。二〇一六年にはその続編「アリス・イン・ワンダーランド／時間の旅」が公開され、アリスへのオマージュは形をかえて進化しています。

アリスの物語への強い執着

一八六六年に、キャロルはマクミラン社にアリスの続編のアイデアがあると伝えています。一八七一年に出版された『鏡の国のアリス』がそれで、出版を意識して書かれているので、チェスのルールに沿った手のこんだ流れになっています。この物語にもアリス・リデルが影響しました。一八六三年にリデル夫人は出産のため、娘たちを家庭教師と一緒に祖母の家へ預けます。祖母の家の暖炉の上には大きな鏡がかけてありました。また、レカンプトン・ヒルを散歩していたとき、アリスがその眺めを「大きなチェス盤みたい」と言ったことも、キャロルにイン

ギルフォード城はノルマン征服後すぐに建てられたといわれているノルマン様式。外壁と掘割が特徴で、当時の外壁の一部も残っている。

写真中央に城門が見えるが、この部分に当時落とし格子がはめられていた。右側のレンガの建物は「ギルフォード・ミュージアム」。キャロルゆかりの品々が展示されている。

ギルフォードの町を流れるウェイ川沿いは気持ちのいい散歩道になっており、今も現役で活躍するスチーム・ボートが見られる。

スピレーションを与えたといわれています。

『鏡の国のアリス』が出版されたとき、アリスはもう一九歳になっていて、キャロルと遊ぶ年齢ではなくなっていましたが、本は評判になりました。ちなみに、日本語訳の物語からはわかりにくいですが、アリスの物語にも階級は現れていて、『鏡の国のアリス』の〝鏡〟は原題では〝looking-glass〟。これは階級の高い人が使う言葉、階級の低い人は〝ミラー〟を使うのだとか。物語の中で使われている言葉を見ていっても、アリスが階級の高い人の言葉を使っており、お嬢様であることがわかるのだそうです。

『子ども部屋のアリス』

キャロルは『不思議の国のアリス』が版を重ねるたびに修正をし続け、それは亡くなる一年前まで続きました。また、あまり知られていませんが、キャロルは五歳までの子どもに読んでもらいたいと、短くまとめたアリスのお話『子ども部屋のアリス』を一八九〇年に出版しています。キャロルの希望で、テニエルのイラストに色がつけられました。子どもは色がついた絵のほうが好きだからです。こうしたことからも、アリスの物語へのキャロルの並々ならぬ執着がうかがえます。

アリスが大人になってキャロルから離れていくのは当然のことで、キャロルはアリスだけでなく、他にも美しい少女たちを見つけては知り合いになり、写真に収めていきました。ロリコンだったとも言われていますが、常識を逸したことはしていなかったようです。美しい少女たちの中でもアリスは特別な存在だったことはうかがえ、結局、キャロルは最期まで、少女アリス・リデルを想ってお話を書いたといえるでしょう。

有名になった物語のモデルとなった子どもは、大人になってからそのトラウマで苦しむという例を多く聞きますが、アリスの場合は、一九三二年にキャロル生誕百年を記念してコロンビア大学から名誉博士号を受けました。その授与式に八〇歳で参加し、昔懐かしいキャロルの話をうれしそうに話したといいます。実在のアリス・リデルは、世界一有名な物語のアリス（今はハリー・ポッターに座を譲り渡したという感じでしょうか）を誕生させた人物。アリスにとってキャロルとの思い出が楽しいもので、キャロルが優しい人であったことを知り、心からほっとするのです。

第6章

『ライオンと魔女』他、「ナルニア国」シリーズ

作者

C・S・ルイス

Clive Staples Lewis

© Bridgeman / PPS通信社

1898年　北アイルランドのベルファストに生まれる。
1908年　母、死去。
1917年　オックスフォード大学ユニバーシティ学寮に入学。兵役を志願し、戦場へ。
1918年　負傷しイングランドへ送還。その後、第一次世界大戦は終わる。友人パディ・ムーアが戦死、その家族の面倒を見始める。
1919年　除隊し、大学へ戻る。『囚われの魂』出版。
1923年　ユニバーシティ学寮の非常勤講師となる。
1925年　モードリン学寮の特別研究員に任命される。
1929年　父、死去。
1930年　オックスフォード近郊ヘディントンの一軒家「キルンズ」を購入。パディの家族も一緒に引っ越す。
1931年　真のキリスト教徒になる。
1933年　『天路逆行』出版。
1942年　『悪魔の手紙』出版。
1950年　『ライオンと魔女』出版。
1956年　「ナルニア国」シリーズの最終巻『さいごの戦い』出版。
1957年　ジョイ・デヴィットマンと結婚式をあげる。
1960年　ジョイ、死去。
1961年　『悲しみをみつめて』出版。
1963年　キルンズにて死去。

上：ルイス生誕100周年の1998年に建立されたルイスの銅像。衣装だんすの扉を開けようとしているルイスの姿。「リトル・リー」にあった、父方の祖父が彫刻をほどこした衣装だんすがモデルになっている。裏にはライオンが……。（撮影／山下直子）
左：ベルファスト市内の家に描かれた壁画。描き替えられることもあるのでいつでも見ることができるとは限らない。

たんすの向こうには何があるの、向こうに抜け出る道はあるの？

オックスフォードと深いかかわりを持つ作家には、C・S・ルイスもいます。C・S・ルイスも、イーディス・ネズビットやJ・M・バリのように、大人向けの作品を書く作家でした。

ルイスが子どもの本を書こうと思ったのは一九四〇年代後半。『ライオンと魔女』のきょうだいのうち、ナルニアを最初に発見する末娘のルーシーは、友人のオーエン・バーフィールドの娘の名前で、ルイスが名付け親でした。ルイスはルーシーへの手紙の中で『ライオンと魔女』はルーシーのために書いたと綴っています。

とはいえ、第二次世界大戦中、ロンドンからの疎《そ》開《かい》児童を受け入れ、一緒に暮らしたときからすでにアイデアはあったようです。戦争のためにロンドンから四人のきょうだいが大学の老教授の田舎の家に疎開してくる、との数行が書きとめられていたのです。また、疎開児童の一人が、ルイスの家にあった古い衣装だんすをさして、たんすの向こうには何があるの、向こうに抜け出る道はあるの、と尋ねたことからも着想を得たといわれています。いずれにせよ、ルイスが『ライオンと魔女』に手をつけるのは一〇年ほどあとのことになります。

子どもの心を持った大人

ルイスは北アイルランドに生まれ、プレップ・スクール、個人教授の指導を経て、オックスフォード大学ユニバーシティ学寮に入学。第一次世界大戦では歩兵

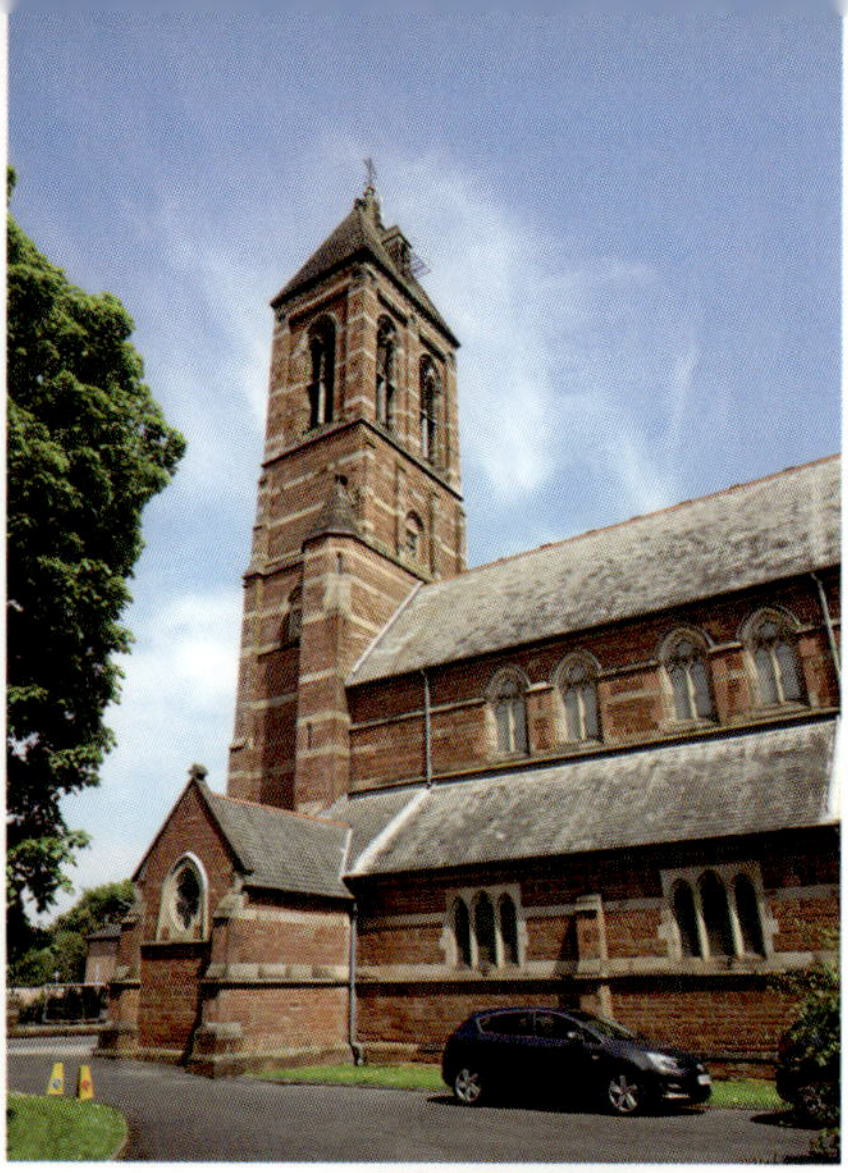

ベルファストにある「聖マーク教会」。母方の祖父はこの教会の初代牧師で、ルイスが洗礼を受けたのもここ（右の写真がその洗礼台）。造船とリネンで繁栄していた歴史を物語るように、教会の天井にはリネンが張られている。

隣に建つ牧師館の玄関の取っ手はなんとライオンの顔。教会の名前「聖マーク（マルコ）」はライオンに象徴されるので、牧師館の取っ手にもこのようなデザインが施されたのだろう。子どもだったルイスはこの取っ手を開けて祖父を訪れていた。「ナルニア国」シリーズに登場するライオンのアスランのイメージと重なる。

隊として従軍。終戦後復学して、優秀な成績でユニバーシティ学寮を卒業。一九二五年にモードリン学寮の特別研究員に選ばれてのち、一九五四年までずっと、モードリン学寮に勤めます。ルイス・キャロル同様、オックスフォード大学では普通だった独身で、一緒に住んでいた兄も独身、子どもがとくに好きだったということもなかったので、ルイスが子どもの本を書いたということは、周囲からも驚きとして受けとめられたようです。

しかし、ルイスは子どもの心を持った大人でした。子どもの頃に戻ることはルイスにとって簡単なことでした。ルイスは子どもの頃から空想好きで、自分だけの世界を持っていました。兄と一緒に動

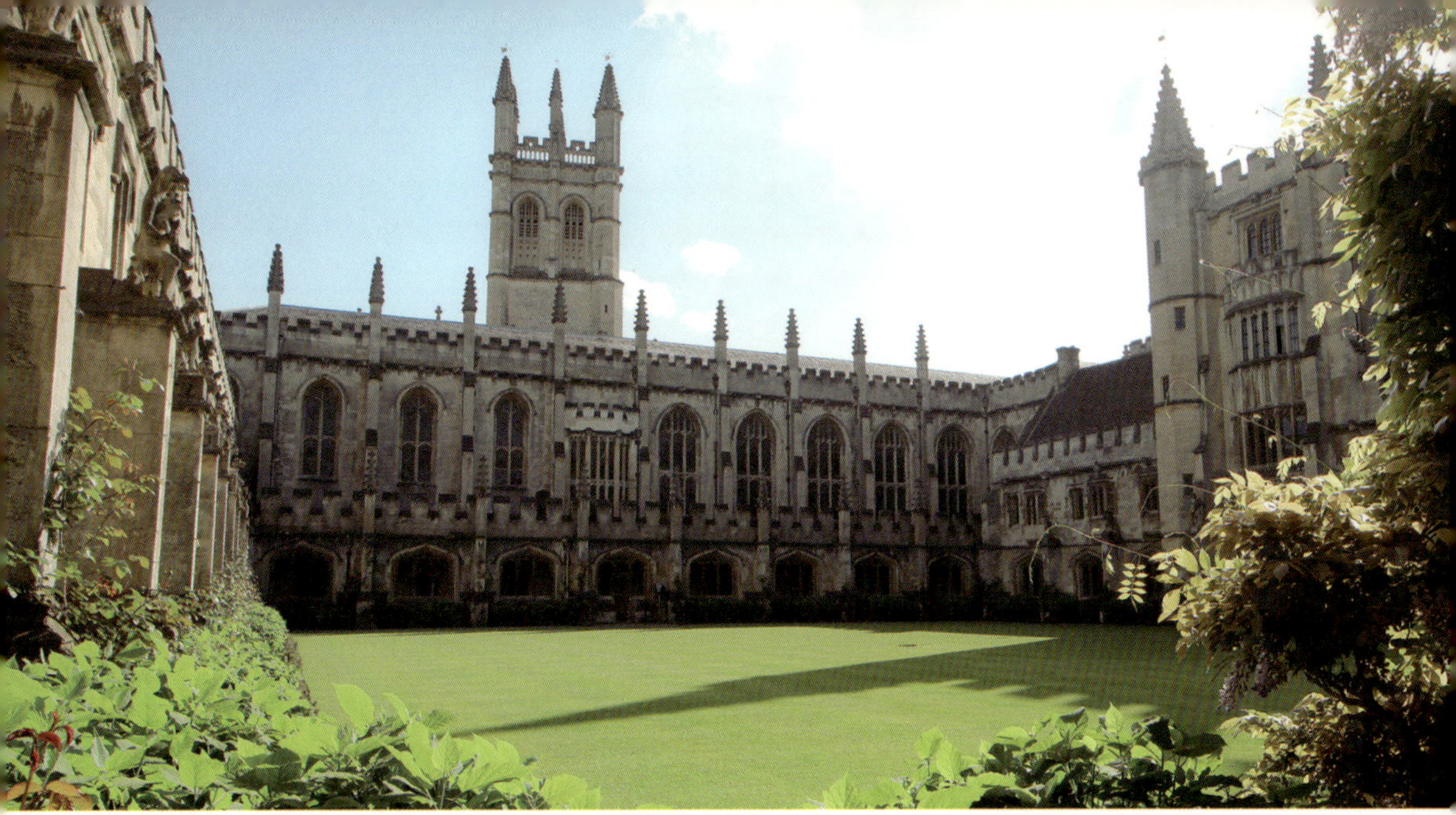

ルイスが長年勤めたモードリン学寮。モードリン学寮の卒業生には作家のオスカー・ワイルドもいた。

ニュー・ビルディングの前の芝生では学生たちがクロケットをして遊んでいた。

回廊を抜けた奥にあるニュー・ビルディング（といっても完成は1735年と古いが）にルイスの部屋があり、毎週木曜日にインクリングスの集まりが開かれた。部屋の窓からは鹿公園（18世紀初め頃から飼われているという）がよく見えた。

物がしゃべる国を創り上げたこともありました。本も大好きで、『砂の妖精』『火の鳥と魔法のじゅうたん』といったネズビットの作品はとくにお気に入り。中でも遠い昔の時代や過去の神秘を思わせてくれる『魔よけ物語』がとくに好きだったそうです。また、ケネス・グレアムの『たのしい川べ』や、ビアトリクス・ポターの絵本も好きで、大人になったあとも、繰り返し、眺めていました。

ルイスには文学仲間がいました。毎週木曜日の夕食後、モードリン学寮のルイスの部屋に集まって、今読んでいるものについて語り合ったり、自作の詩や小説や評論をみんなに披露《ひろう》するのが習慣でした。グループの名前は「インクリングス」。毎週火曜日には「イーグル&チャイルド」という名のパブに集まっておしゃべりも楽しみました。メンバーの中には、『ホビットの冒険』『指輪物語』で有名になるJ・R・R・トールキンもおり、ルイスとトールキンはグループの中心でした。

文学仲間 J・R・R・トールキン

トールキンは中流階級の家に生まれま

ルイスがナルニア国のイメージとしたのは北アイルランド・ダウン州にある、モーン山脈とカーリングフォード湖一帯といわれている。写真はモーン山脈中にあるサイレント・バレー貯水池。（撮影／山下直子）

ベルファストにある「リトル・リー」。ルイスの父が家族のために建てた３階建ての大きな家。ルイスは兄とともに空想の世界に遊び、幸せな子ども時代をすごした。屋根裏の窓からよくベルファスト湾を眺めていたとか。９歳のときの母の死は兄弟の人生に大きな影を落とした。

したが、四歳のときに父が他界。必死でトールキンと弟を育ててくれた母親も、トールキンが一二歳のときに病気で亡くなります。カトリック教会の神父にお世話になりながら勉学に励み、オックスフォード大学エクセター学寮に奨学生として入学。ルイス同様、第一次世界大戦では軍務についています。

　トールキンは初恋を実らせて結婚しており、家族を養うため、はじめはリーズ大学で教師となり、五年後にオックスフォード大学ペンブルック学寮の特別研究員となります。ルイスと知り合うのはその頃です。才能を持ち、忌《き》憚《たん》のない意見を言い合える親友となるのに、長い時間は必要ありませんでした。

　トールキンは小さい頃から妖精や神話、そして言語に熱い関心を持ち、ウェールズ語とフィンランド語に出合ったことからのちにエルフ語を開発。エルフ語を話す民族やその歴史、居住地の地理などまで創り出しました。自分の作品がつねに名前から始まるとトールキンが述べているのも、エルフ語を創り出すほど言語にたけていたからでしょう。いつか自分で、英語のための神話を創りたいとも考えており、それはのちに『指輪物語』という形で表現されることになります。

２か月という短い期間だがルイスが通った名門の男子校「キャンベル・コレッジ」。ここに一つだけぽつんと建っている街燈（左）が、ナルニアにある街燈のモデルになったとも言われている。『ライオンと魔女』の挿画の街燈ともよく似ている（『ようこそナルニア国へ』岩波書店）。

トールキンは食事をしながら文学談義をするというグループを作り、はじめはルイスがそこに参加。自然消滅した一九三〇年代初め頃に、それと代わるようにルイスの「インクリングス」が生まれます。トールキンの『ホビットの冒険』も『指輪物語』も、まずはインクリングスで発表されました。言語や神話、文学に造詣《ぞうけい》の深いメンバーたちの前で未発表の原稿を読むのは、かなり勇気のいることだったのではないでしょうか。そこには遠慮などというものはなく、的確な意見や批判が交わされていました。ルイスはこの仲間づきあいを大変気に入っていたそうです。

トールキンがインクリングスで発表した『ホビットの冒険』を、ルイスは大いに気に入り、すばらしいと思えばこそ、その批評も手厳しいものだったそうです。トールキンはルイスと議論をたたかわせ、励まされながら作品を出版、ルイスがいたからこそ完成できたと述べています。二人はお互いに切磋《せっさ》琢磨《たくま》するすばらしい同志でした。

しかし、トールキンはルイスが書いた『ライオンと魔女』が気に入らず、徹底的に批判をしてきたのです。さまざま神話や、想像上の生き物が入り混じり、サンタクロースまで出てくるまとまりのない世界に我慢がならなかったようです。ルイスはかなりこたえたようで、その後『ライオンと魔女』の原稿をインクリングスで読むことはありませんでした。また、トールキンはトールキンで、仲間の一人が『指輪物語』が退屈だと言ったため、その原稿を読まなくなります。インクリングスはしだいに縮小していきました。

「ナルニア国」シリーズ、次々に出版

トールキンが名前から物語が始まると言ったこととは対照的に、ルイスの空想物語は不意に頭に浮かぶ絵から始まったといいます。雪の降る森の中で、包みを抱えているフォーン――この鮮明なイメージは、実は青年のときに初めて浮かんだというのです。そして北アイルランドの風景が、ナルニアという国の原風景となりました。

ルイスは、教え子で児童書を出版したことのあるロジャー・グリーンに『ライオンと魔女』を読み聞かせました。グリーンは最も偉大な児童書の一つになるだ

column

世界大戦

第一次世界大戦は1914〜1918年にかけて戦われた初めての世界規模の大戦争。ドイツ・オーストリア・オスマン帝国（現：トルコ）などの同盟国と、英国・フランス・ロシアなどの連合国が戦い、連合国が勝利しました。そのわずか21年後、1939〜1945年にかけて再び世界規模の大戦争が勃発、第二次世界大戦です。人類の歴史上、最も被害の大きい戦争となりました。アメリカ・英国・フランスなどの連合国と、それに対するドイツ・イタリア・日本などの枢軸国が戦い、連合国が勝利。

本書で取り上げた作家の中で、二度の大戦を経験しているのがC・S・ルイス、J・R・R・トールキン、A・A・ミルン、ビアトリクス・ポター、アリソン・アトリー、ルーシー・M・ボストン、P・L・トラヴァース、フィリッパ・ピアス。ルイス、トールキン、A・A・ミルンは第一次世界大戦のとき、前線で戦い、塹壕熱に苦しみました。ルイスはさらに誤爆で負傷しています。トールキンは第二次世界大戦の際、２人の息子を戦地に送り出しています。戦争の悲惨さを身をもって知ったことは作品にも大きく影響したことでしょう。

『ホビットの冒険』は『指輪物語』のプロローグにあたるお話。長男が眠れないときに物語を語り聞かせることが習慣になり『ホビットの冒険』も子どもたちに読み聞かせていたお話が形になったもの。これが壮大な『指輪物語』につながっていく。写真右は、岩波書店が2002年に出版した、1937年の初版と同じ装丁。トールキン自身の手による装画・カラー口絵が入った特別版だ。
『指輪物語』三部作をトールキンは1937〜1955年まで、18年かかって完成させた。その壮大な世界を解説する書籍も多数。写真左は『ファンタジー・アトラス　トールキン〈中つ国〉地図』（原書房）。ビートルズもこの小説に影響を受けており、「指輪物語」の映画を作ろうと計画したこともあったという。ポール・マッカートニーがフロド、ジョン・レノンがゴラム、ジョージ・ハリソンがガンダルフ、リンゴ・スターがサムだ。スタンリー・キューブリックにアプローチをしていたというから驚きだ。

オックスフォード大学の哲学者ジョゼフ・アディソンから名前がついた散策路「アディソンの道」。チャーウェル川の支流に沿った静かで気持ちのいい散策路で、ルイスはよくここを散歩した。モードリン橋のたもとがパンティングというボートの乗り場になっている。

ろうと強く感じ、ルイスを励まします。

勇気づけられたルイスは原稿を書き上げ、『ライオンと魔女』は一九五〇年、この世に出ます。大人からの評判はよくなかったものの、子どもたちには人気を博しました。ルイスは子ども向けの物語を書くのは「子ども向けの物語が、言うべきことを言うための最良の芸術様式だからです」と述べたとか。

こうしてルイスは堰《せき》を切ったように続きを書いていきます。トールキンと違い、ルイスは書くのがとても速く、「ナルニア国」シリーズ七冊は、ほぼ毎年一冊ずつ、出版されていきました。このシリーズはベストセラーとなり、何千人という読者から手紙が届き、みなナルニア国の続きを読みたがったそうです。

第二次世界大戦により児童書の出版は激減。終戦後、テレビが普及し始めた一九五〇年代、六〇年代は、英国児童文学の第二の黄金時代ともいわれ、良質の作品が登場しました。『ライオンと魔女』もその中の一つです。

ルイスと「ナルニア国」シリーズを知る鍵は〝キリスト教〟です。実はルイスは、キリスト教伝道者、神学者として大変に有名で、出版物も多いのです。九歳のとき、母親をガンで亡くしたことがきっかけで、兄とともに、神の存在を信じない無神論者になっていましたが、クリ

インクリングスは火曜日の午後にはパブで、木曜日の夜にルイスの部屋で集会が持たれたという。この「イーグル＆チャイルド」は1650年創業の古いパブで、インクリングスのメンバーが頻繁に通っていた。店内の壁には彼らが書いた寄せ書きがある。

妻を亡くしたあと、自身が亡くなるまでトールキンが住んだマートン・ストリートの家。ルイスがジョイと結婚してから２人は疎遠になるが、最後まで友情で結ばれていたという。1972年、トールキンはエリザベス女王から大英帝国勲章（ＣＢＥ）を授与された。

『魔術師のおい』で、フレッジという名と翼を与えられた馬のストロベリーに乗って、ナルニアに向かうディゴリーとポリー。

© Jonathan Barry / Mary Evans Picture Library

「ナルニア国」シリーズは岩波書店から発行。写真はカラー版。イラストはポーリーン・ベインズ。上はエドマンドが冬の魔女に協力する原因になった好物の「ターキッシュ・デライト」。

スチャンであるトールキンをはじめとする仲間や、クリスチャンの作家が書いた書物から、神の存在を認める段階までいきます。しかし神を身近に感じることはなく、不安や恐怖も抱いていました。そんなルイスが本当の意味でのキリスト教徒になるのは、三二歳のとき。大きな事件があったわけでもなく、議論をしている中での悟りでもなく、オートバイで兄と一緒に動物園に行った際。動物園に着いたときには眠りから覚めたように、真のキリスト教徒になっていたのだそうです。

本当のキリスト教徒になったルイスは、その後、キリスト教の教えを伝える本を書くようになります。第二次世界大戦中は、キリスト教についてラジオで話してほしいという依頼も受けました。以前は無神論者だったルイスの言葉は他にはない説得力があったようです。ですから、「ナルニア国」シリーズも、アスランはイエス・キリストを表しており、ファンタジーの形をとったキリスト教伝道物語だとも言われます。

たしかにルイスの友人も、ルイスの宗教観は、彼の宗教関連の著作よりも「ナルニア国」シリーズのほうにより表れていると感じたそうです。しかし、それは

column

フィリップ・プルマン

オックスフォードを卒業した作家には、フィリップ・プルマン（1946〜）もいます。プルマンが学んだエクセター学寮は、J・R・R・トールキンの出身学寮でもあり、プルマンは学寮長の晩さん会に招かれた際、トールキンに会っています。

プルマンはエクセター学寮の自分の部屋の隣にある塔の雨どいをつたって、どこの部屋にも行くことができるのを知り、友人とよく“雨どい渡り”をしたそうです。プルマンは自身の作品『黄金の羅針盤』（1995）で、主人公のライラにも同じことをさせており、ライラが住むジョーダン学寮は明らかにエクセター学寮がモデルです。『黄金の羅針盤』は「ライラの冒険」シリーズの一作目で、2007年には実写映画化されています。

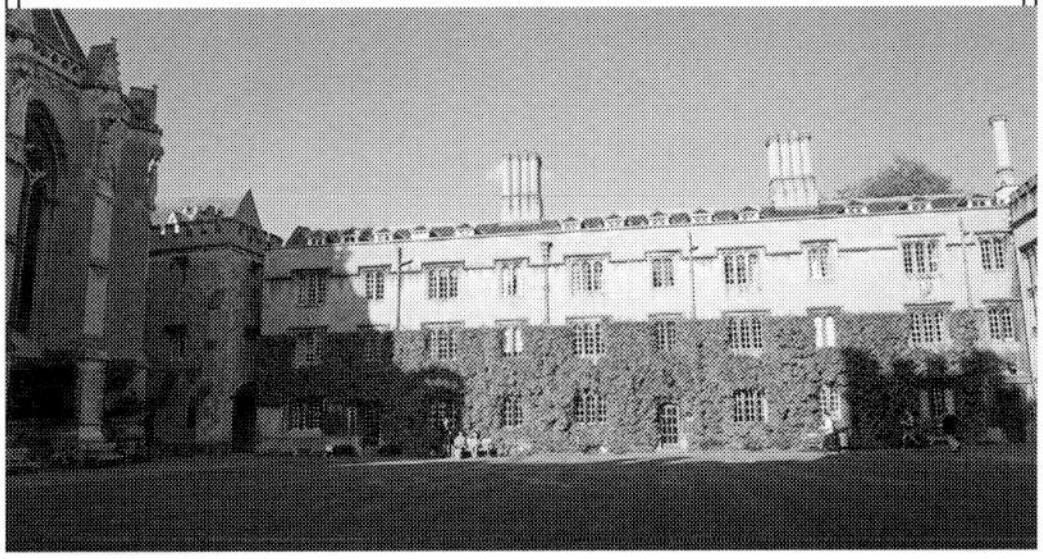

エクセター学寮。

1930年にルイスが、兄、パディの母と共同で購入した家「キルンズ」。ルイスはここで息を引き取った。現在はアメリカのC・S・ルイス財団が所有、管理する「C・S・ルイス・スタディセンター」になっており、セミナーやガイドツアーを行っている。

キリスト教を知る大人が思うことで、子どもはキリスト教の教えは関係なく、純粋にナルニア国の世界を楽しみました。ルイスも、意図的にキリスト教伝道のために書いてはいなかったでしょう。そうでなければ、これほど長く読み継がれはしなかったはずです。

二〇〇五年には「ナルニア国物語　第一章：ライオンと魔女」として一作目が実写映画化。「ナルニア国物語　第二章：カスピアン王子の角笛」は二〇〇八年、

ルイスは読書の虫で、オックスフォード大学の図書館に通って膨大な本を読みあさっていたという。

ボドリアン図書館の「ラドクリフ・カメラ」の内部。カメラとはラテン語で“丸天井の部屋”という意味。円形建築の図書館としてはかなり初期のもの。トールキンは『指輪物語』の中で、ヌーメノール時代のサウロンの寺院のモデルにしたという。内部の装飾も見事で、美術館のような美しさ。
©Bodleian Library

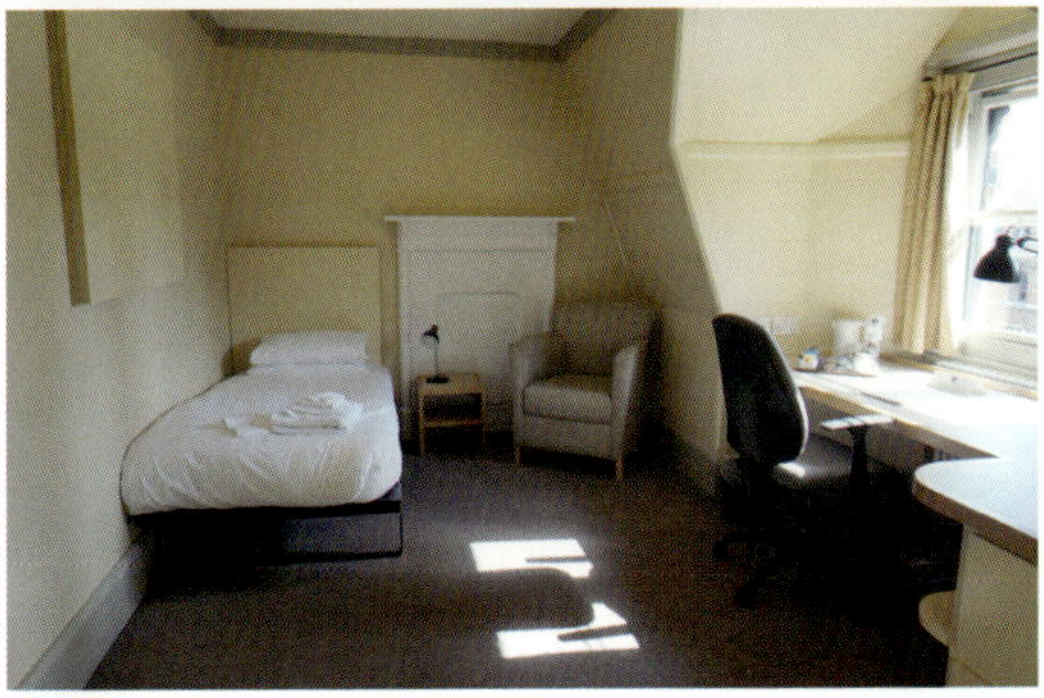

私が宿泊した、オックスフォード大学キーブル学寮。普通では入れない庭やホールなどを思う存分に味わうことができる。朝食を、教授陣が座るハイ・テーブルでとらせてもらったことも思い出深い。

「ナルニア国物語　第三章：アスラン王と魔法の島」は二〇一〇年に公開され、ルイスの物語がまた新たに注目されるようになりました。現在四作目が、製作チームを一新して作られています。

　また、ルイスと親交のあったトールキンの『指輪物語』も、二〇〇一〜二〇〇三年にかけて実写映画「ロード・オブ・ザ・リング」三部作として公開。「ホビットの冒険」は、同じピーター・ジャクソン監督が「ホビット　思いがけない冒険」(二〇一二)、「ホビット　竜に奪われた王国」(二〇一三、日本公開は二〇一四)、「ホビット　決戦のゆくえ」(二〇一四)という同じく三部作として発表し、話題になりました。トールキンのこれらの作品は、ファンタジーの枠を超えた、神話ともいえるものですから、映画化も並大抵のことではなかったはずですが、ファンの期待を裏切らない壮大な世界を創り上げています。

　DVDにはなっていませんが、ルイスの晩年を描いた「永遠《とわ》の愛に生きて」(一九九三)も心を打つ映画です。独身のまま生涯を終えるかに見えたルイス、一九五六年、五七歳でアメリカ人のジョイ・デヴィットマンと結婚します。それはジョイを英国に住まわせるためにルイスが助けただけの、書類上の結婚でした。しかし、ジョイの進行性骨ガンが判明し、二人はお互いに心から愛し合っていることに気づきます。ジョイのガンは治る見込みはありませんでしたが、それを承知のうえで、翌年二人は神の前で実際に結婚式をあげます。ジョイは一九六〇年に死去しましたが、本当の愛を知った二人は幸せをかみしめていたはずで、この映画からはそれが痛いほど伝わってきて、しみじみと心に沁《し》み入りました。

第7章

『たのしい川べ』

作者

ケネス・グレアム

Kenneth Grahame

1859年	スコットランドのエディンバラに生まれる。
1864年	母、死去。バークシャーに住む母方の祖母に育てられる。
1879年	オックスフォード大学への進学を希望するも叶わず。ロンドンのイングランド銀行で働き始める。
1893年	『異教徒のことば』出版。
1895年	『黄金時代』出版。
1898年	『夢見る日々』出版。
1899年	結婚。
1900年	長男アラステア誕生。
1908年	銀行を退職。『たのしい川べ』出版。
1911年	オックスフォード大学クライスト・チャーチ学寮に在籍していた息子、死去。
1929年	A・A・ミルンが手がけた戯曲「ヒキガエル屋敷のヒキガエル」を観る。
1932年	ルイス・キャロル生誕100周年記念行事に参加した数週間後、死去。

働きながら、作家の道へ

オックスフォード大学への進学を切望しながら、それが叶わなかったのがケネス・グレアムです。グレアムはJ・M・バリ、ロバート・ルイス・スティーブンソンと同じくスコットランドで生まれ、ほぼ同時代を生きた作家です。バリ、スティーブンソンはエディンバラ大学へ進学します。グレアムはオックスフォードにあるパブリック・スクール「セント・エドワード校」に入り、卒業したあとは当然、オックスフォード大学へ進むものと信じていましたが、祖母（五歳のときに母を亡くし、父から見捨てられた兄弟はイングランドに住む祖母の手で育てられた）が反対し、親戚の援助も得られなかったため、社会に出て働くことになります。

　打ちひしがれたグレアムに希望をもたらしてくれたのが、ひょんなことから知り合いになった言語学者フレデリック・ファーニバル博士でした。博士は新しい英語辞典の編纂《へんさん》にかかわるほか、チョーサー協会、シェイクスピア協会などをつくり精力的に活動していました。グレアムはそうした協会に参加し、大いに刺激を受けます。あいた時間に書いた詩やエッセイを思い切って博士に見せてみたところ、励ましをもらったので、雑誌に原稿を送りました。

　グレアムの作品は少しずつ採用されるようになり、一八九三年に出版された『異教徒のことば』で世に認められる作家になります。一八九五年の『黄金時代』、一八九八年の『夢みる日々』は子ども時代を描いたもので、〝子どものために〟書いたものではありませんが、子ども時代への郷愁を持つ大人に評判になりました。自分の中に生き続ける子どもを作品として描くことができたのは、『子ども

グレアムが生まれたエディンバラの家は、現在B＆Bになっている。写真はグレアムが生まれた部屋。窓からエディンバラ城が見える。

の詩の園』（一八八五）や、思い出をエッセイとして発表していたスティーブンソンの影響が大きかったようです。

当時グレアムは就職したイングランド銀行の総務部長にまで出世しており、忙しくも充実した毎日を送っていました。バリやキャロル同様に、女性にはまったく興味がなかったのですが、押し切られる形で一八九九年、四〇歳で結婚。翌年生まれた息子アラステアにより、『たのしい川べ』を生み出すことになります。

ロンドンのイングランド銀行には20歳で就職。イングランド銀行の歴史上、最も若い39歳で総務部長に昇進した。バリと同様、大人になりたくなかったようで、子ども時代に楽々と戻れたからこそ『たのしい川べ』を生み出せたのかもしれない。

わがままな息子のためにお話を聞かせる

アラステア四歳の誕生日の夕方、彼は大泣きし、それを誰も止めることができませんでした。父のグレアムが、好きな動物の名前を言ったらその動物たちのお話をしてあげると約束したところ、やっと泣きやんだといいます。アラステアはモグラとキリンとネズミの名前を出し、グレアムは即興で物語を作り、話し始めます。アラステアは夢中になり、語り聞かせは夜の一二時近くまで続いたとか。そのお話はそれからのち、三年にわたって続くことになります。

グレアムがアラステアと二人きりになるときにお話は続けられ、紙に書きとめられることはありませんでした。キリンの代わりにヒキガエルが登場し、自分と似たわがままで手に負えないヒキガエルをアラステアはとても気に入りました。

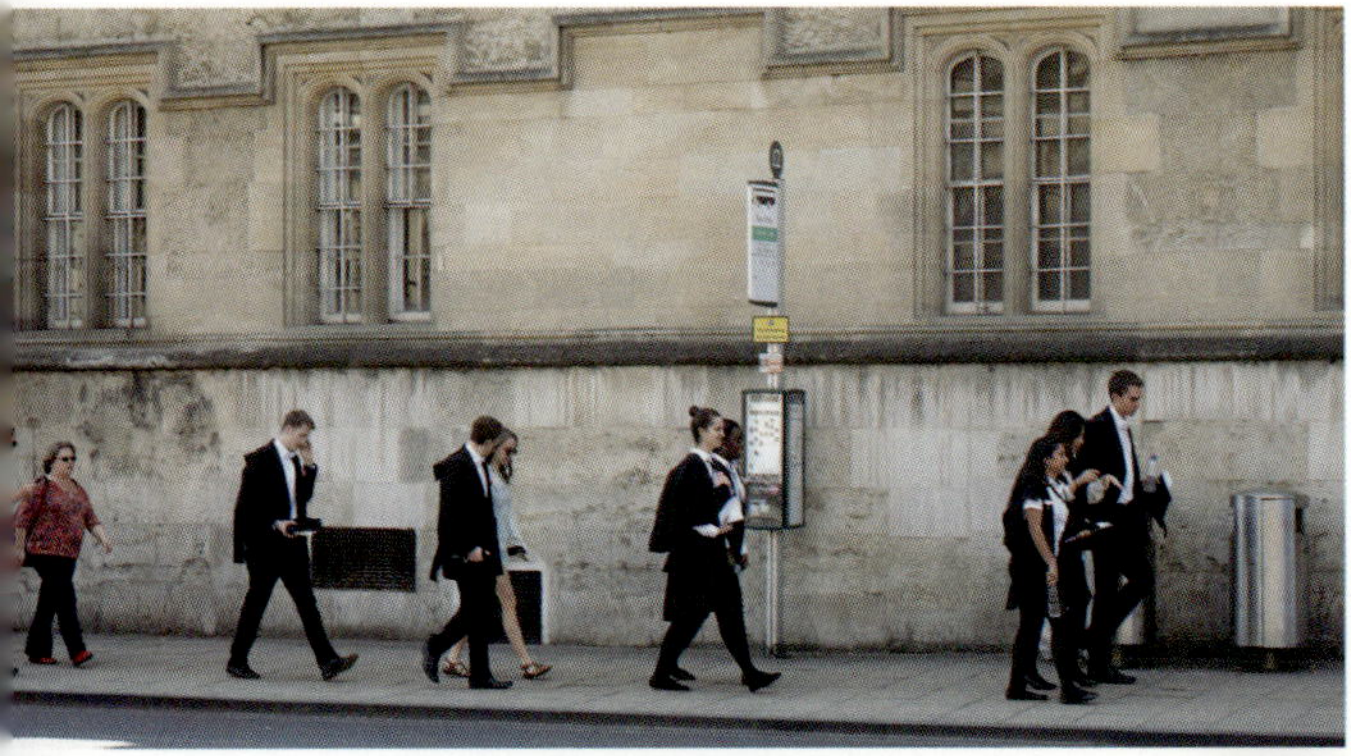

グレアムはパブリック・スクールに通っていた頃、オックスフォードの中心地も歩いていただろう。町を闊歩する大学生を見ながら自分もああなるのだと希望を持っていただろうが、それは叶わなかった。

一九〇七年、アラステアは両親と離れて夏の休暇に海辺に行くことになりましたが、グレアムのお話が聞けないのは我慢できない、話の続きを手紙に書いてくれないのなら海辺には行かないと言い張り、グレアムは文字という形で書くことになります。

グレアムの長いお話手紙は一五通、送られました。のちに出版されることになる『たのしい川べ』の三分の一は、この手紙だといいます。グレアムのお話手紙をアラステアに読み聞かせていた家庭教師は、価値があると判断し、その手紙を母親のもとに返しました。もしグレアムのもとに返ってきていたら、捨ててしまったに違いありません。

『たのしい川べ』出版までの経緯

グレアムはそのお話を本にするつもりはまったくなかったので、雑誌記者がどんな話でもいいので原稿をいただけないかと言ってきたときも、何もないと断りま

オックスフォード中心地にある、ため息の橋。16世紀に架けられたヴェネツィアの「ため息の橋」（The Bridge Of Sigh）を模して作られた。英国にはため息の橋は二つあり、もう一つはやはり大学街であるケンブリッジにある。

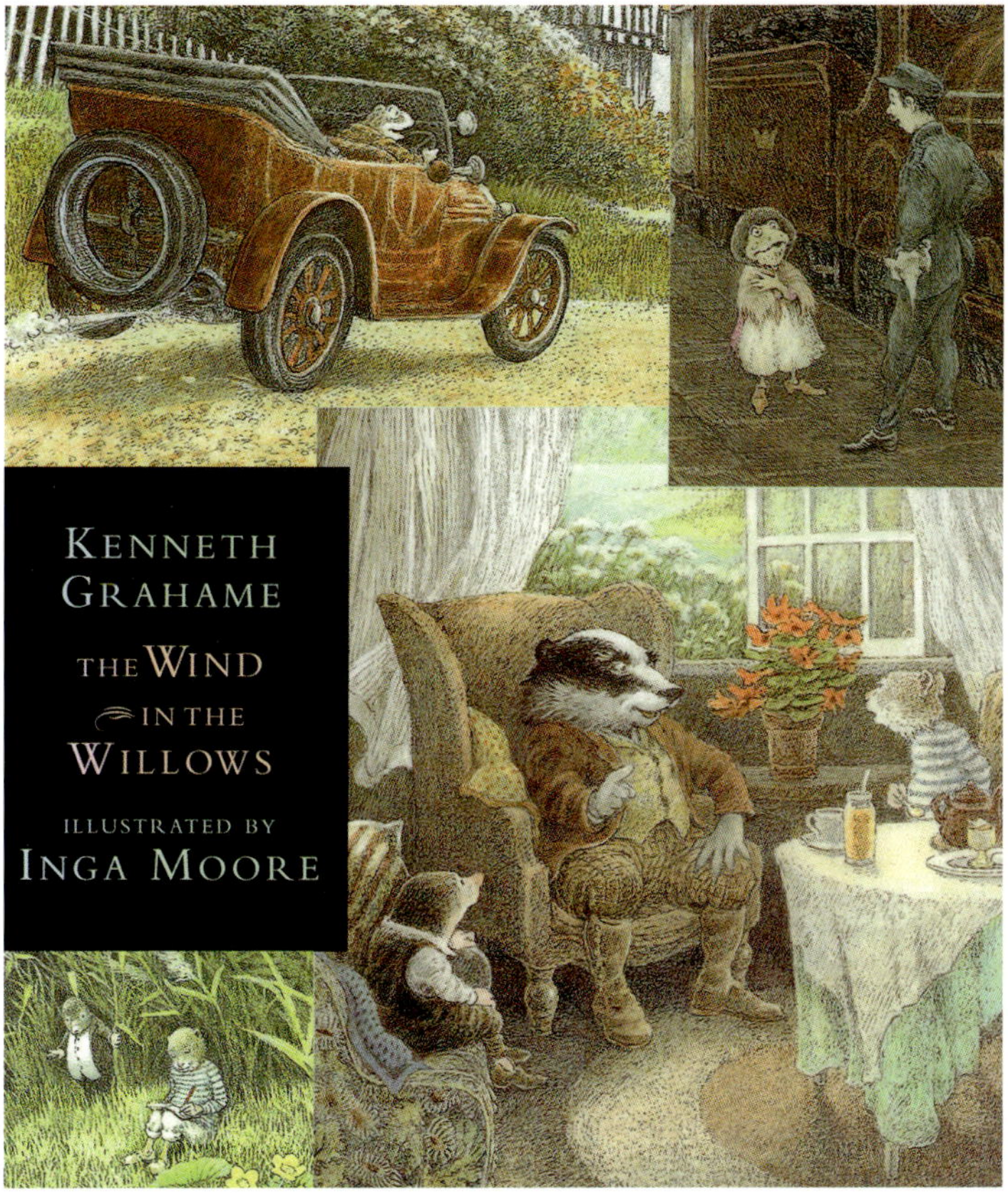

2009年に出版された『Candlewick Illustrated Classic』の挿画はインガ・ムーア。

した。しかしその雑誌記者はお話手紙の存在を知っていて、辛抱強くグレアムを説得します。一〇年近く出版から遠ざかっていたグレアムは、手紙に書いていない部分を思い出し、出版に値するレベルに高めるという、時間も労力もいる作業を始めました。苦労して仕上げた『たのしい川べ』の原稿は、当の雑誌社からは断られ、心当たりのある出版社のすべてからも拒否されました。やっと出版社が見つかり、売れ行きを心配しながら、本は一九〇八年に発売。すぐに売り切れ、六か月の間に四版を重ねる人気となります。

column

「ドリトル先生」シリーズ

我が子のために生まれたお話といえば、ヒュー・ロフティング（1886〜1947）の『ドリトル先生アフリカゆき』（1920）も知られています。第一次世界大戦で出征していたロフティングが、戦地から２人の幼い子どもへの手紙に書いた物語が、ドリトル先生でした。激しい戦場では子どもに書くような出来事はないからです。

戦場では馬が人間と同じように危険を冒して働いていました。しかし、けがをした馬が銃殺されるのを見て、ロフティングは馬も十分に看護してあげるべきではないか、それには人間は馬語を話せなければならない——といったことを感じ、動物の言葉が話せる医者の物語を考えつくのです。ドリトル先生のことを書いた絵手紙に（ロフティングは自分で絵も描きました）子どもたちは大喜び。息子は「ぼくのことをこれからはドリトル先生と呼んでちょうだい」と言ったほどです。このことを知った小説家が出版社を紹介してくれ、ドリトル先生の物語は出版されることに。ドリトル先生のお話はその後シリーズ12作という、ロングセラーになるのです。

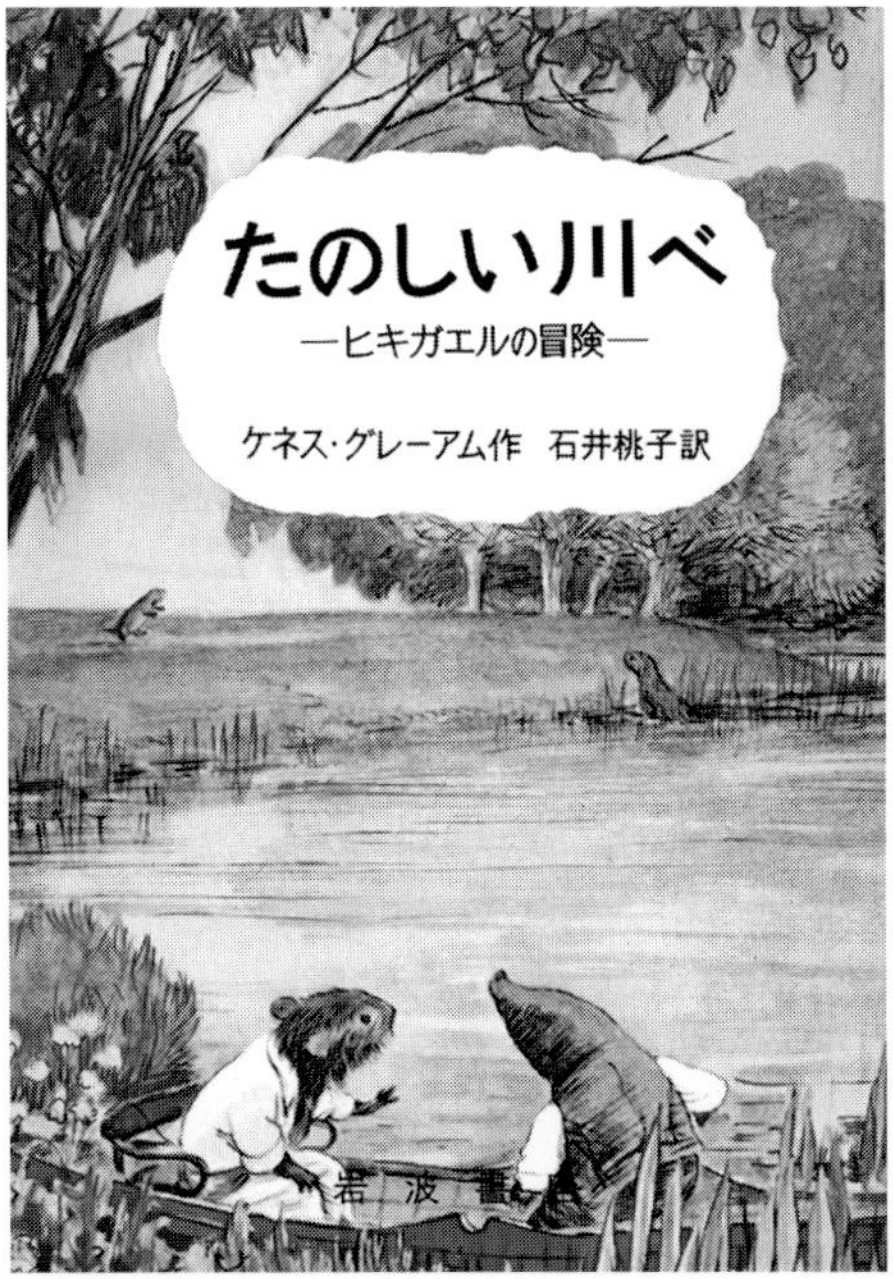

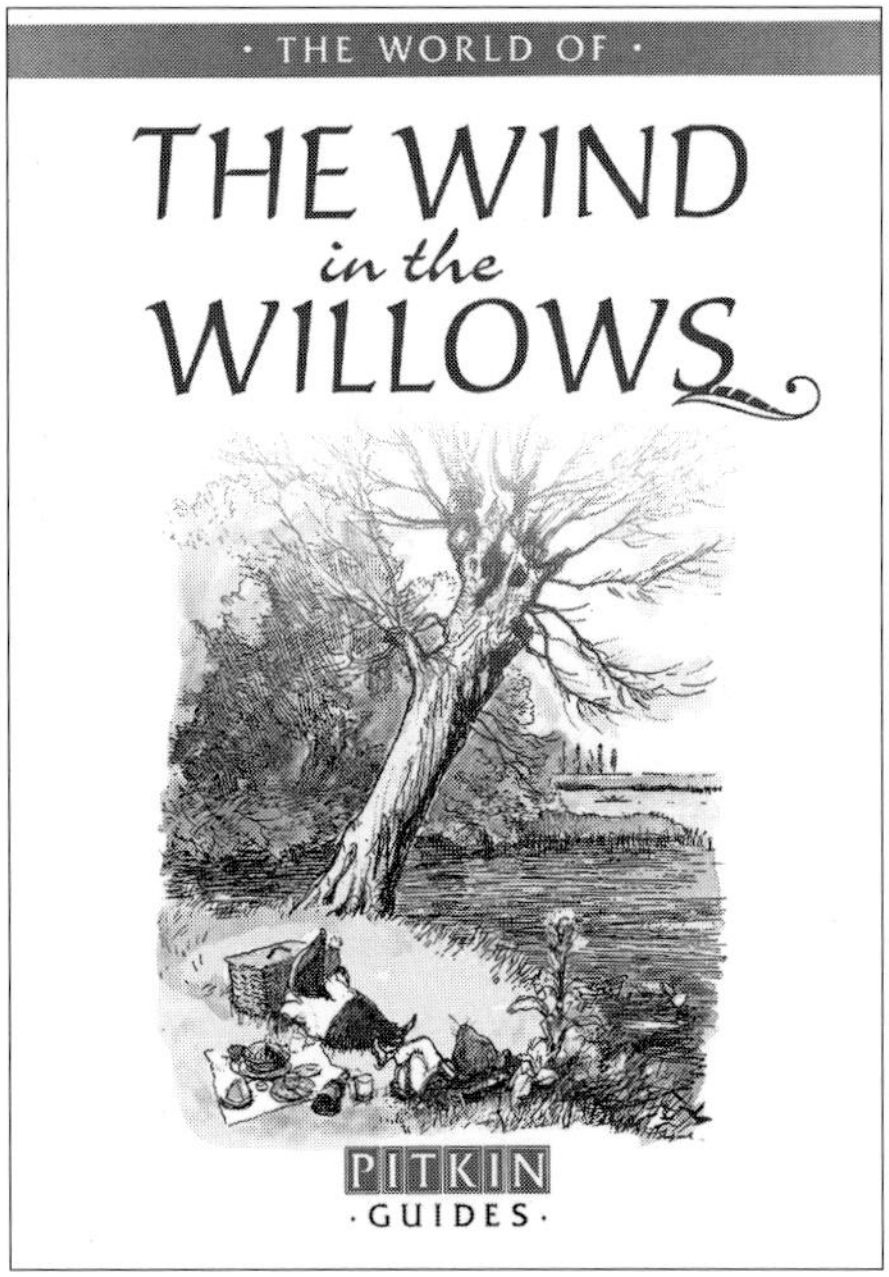

邦訳は1963年に岩波書店から石井桃子訳で出ており、挿画はE・H・シェパード。今では『たのしい川べ』といえばシェパードの絵が思い浮かぶほど。写真下は子ども向けに解説された『The World of The Wind in the Willows』（Pitkin Publishing）。

アーサー・ラッカムの挿画。もともとグレアムはアーサー・ラッカムの挿画を希望していたが断られ、その後もう一度依頼するもラッカムの病気で叶わなかった。ラッカムがやっと挿画をつけたときにはグレアムはこの世を去っていた。『たのしい川べ』はラッカムの最後の仕事となった。

グレアムが最後に住んだ町パングボーンを流れるテムズ川。物語の舞台はこうしたのどかな雰囲気だったのだろうと想像できる。グレアムが好きだったオックスフォードの町を流れているのもテムズ川の支流だ。

シェパードの絵によって、はじめて成功

さまざまな画家が挿画を担当しますが、物語の世界をぴったりと表現したのは一九三一年版の際に担当したE・H・シェパードでした。彼はグレアムの『黄金時代』と『夢みる日々』の挿画を描いていましたが、『たのしい川べ』は気乗りがせず、ためらっていたそうです。それは『たのしい川べ』はその文章自体が完璧《かんぺき》な芸術作品で、どんな挿画もそのイメージを表現しきれないと思ったからでした。それまでもコンスタントに売れ続けていた『たのしい川べ』は、グレアムが亡くなる前年に出版されたシェパードの絵によって、テニエルのアリス同様に、初めて成功したともいえ、以後切っても切れない一体感をもたらしました。グレアムも、今にも動き出しそうに動物たちを描いてくれてうれしいと、喜んだといいます。

シェパードはグレアムのもとを訪れ、そのとき住んでいたパングボーンの風景をもとに描きましたが、実際は子ども時代をすごした祖母の家があるクッカムディーンのテムズ川沿いの風景を頭に描いていたようです。グレアムは子どもの頃から愛し、心のよりどころとしていた〝川べ〟のおだやかで美しい田園風景と、そこにささやかながらも幸せを感じて生きる小さな動物たちを素朴に描きました。この本が英国人にとても親しまれているのは、典型的な英国の牧歌的な世界が表現されているからでしょう。

グレアムが書いた子どもの本は『たのしい川べ』が最初で最後で、グレアムの本としても最後のものです。我が子のために生み出されたお話以上のものはなかったのでしょう。子どもが手に負えない癇癪持《かんしゃくも》ちで、それをなだめるための苦肉の策としてお話が使われたとはいえ、愛情にまさる原動力はないと実感させられます。

挿画は『ガンピーさんのふなあそび』など多数の絵本で有名なジョン・バーニンガム。『たのしい川べ』の原題はThe Wind in the Willows。このタイトルに決まる前はThe Wind in the Reeds、Mr Mole and His Mates、The Lapping of the Stream、The Whispering Reeds、River Folk、The Children of Panなど、さまざまな案が検討されたという。

左頁：原題にある柳（willow）は、英国ではしだれ柳（weeping willow）のことをすぐに思い浮かべるくらい一般的。英国の伝統的な食器の柄にウィロー・パターンというものがあり、中国の伝説をモチーフにし英国人がデザイン。柄の名前になったウィローには英国で馴染みのあるしだれ柳が描かれている。

第8章

『クマのプーさん』『プー横丁にたった家』

作者

A・A・ミルン

Alan Alexander Milne

© Rue des Archives / PPS通信社

1882年　イングランドのロンドンに生まれる。
1888〜1893年　父が経営する「ヘンリー・ハウス」に通う。
1893年　パブリック・スクール「ウエストミンスター校」に最年少で入学。
1900年　ケンブリッジ大学トリニティ学寮に入学。
1903年　大学卒業後、フリーランスのジャーナリストになる。
1906年　風刺雑誌『パンチ』の編集次長になる（〜1914年）。
1913年　結婚。
1920年　長男クリストファー・ロビン誕生。
1924年　息子をモデルにした童謡詩集『ぼくらがとてもちいさかったころ（邦題：クリストファー・ロビンのうた）』出版。
1926年　『クマのプーさん』出版。
1927年　童謡詩集『クマのプーさんとぼく』出版。
1928年　『プー横丁にたった家』出版。
1929年　ケネス・グレアムの『たのしい川べ』を戯曲化した「ヒキガエル屋敷のヒキガエル」上演。
1940年　ロンドンを引き上げ、1925年に購入したハートフィールドの「コッチフォード・ファーム」に移り住む。
1956年　コッチフォード・ファームで死去。

始まりは、子ども向けの詩

ケネス・グレアムの『たのしい川べ』に夢中になり、戯曲化したのがA・A・ミルン。『たのしい川べ』が好きか嫌いかで人を判断したほど、のめり込んでいたといいます。一九二九年、ミルンの書いた「ヒキガエル屋敷のヒキガエル」が公演されます。大好きな作品をうまく舞台化できるか不安だったそうですが、そこにはグレアム夫妻の姿もあり、舞台にけちをつけることなく、思いやりをもって仲むつまじく静かに観ていたことにほっとしたそうです。

ミルンは子どもの頃から成績優秀で、ケンブリッジ大学卒業後にフリーランスのジャーナリストをめざして奮闘。人気の風刺雑誌『パンチ』の編集部にも入ることができ、波に乗っていました。大好きだった『ピーター・パン』に影響され

ミルンはケンブリッジ大学トリニティ学寮を卒業。ミルンはケンブリッジ大学とオックスフォード大学の違いは、ケンブリッジで学んだ者は誰もがそのことを本に書かなければならないと思わないことではないかと、皮肉たっぷりに自伝に書いている。

て戯曲にも興味を持ち、バリ本人に書いた戯曲を見せ、やっていけそうだという返事をもらうと、戯曲のほうにも手を伸ばしていきました。

　しかし、ミルンの名を広めたのは、ミルンが自分の専門ではないけれども……と雑誌に書いた子ども向けの詩でした。それを見た編集者から、このような詩を本にまとめられるくらい書いてみてはどうかと勧められ、避暑で滞在していたウェールズで気軽に詩を書き始めます。こうしてまとめた詩が、一九二四年に『ぼくらがとてもちいさかったころ』として出版されるのです。出版社はメシュエン社、ミルンが愛していた『たのしい川べ』の版元《はんもと》でした。挿画はE・H・シェパードで、おもしろいことにミルンははじめ、シェパードの絵を下手だと思っていたとか（シェパードが挿画を描いた『たのしい川べ』が出版されるのはこのずっとあと、一九三一年です）。

　売れないかもしれないというミルンの心配をよそに、詩集はよく売れ、子どものための物語執筆を新聞社から再び依頼されます。ミルンは息子クリストファー・ロビンが母ダフネと一緒に遊んでいたテディ・ベアのお話をまとめてみました。一九二五年、クマのプーさんがお話という形で初めて世に出ました。クリスマス・イブの新聞の第一面を飾ったのです。

ベストセラーになった、二冊のプーのお話

　これにいくつかのお話を加え、一九二六年に出版されたのが『クマのプーさん』です。続編『プー横丁にたった家』は一九二八年に出版。お話の舞台になった〝ひゃくちょう森〟は、一九二五年にミルンがイースト・サセックスのハートフィールドに購入した「コッチフォード・ファ

邦訳は『クマのプーさん』が1940年、『プー横丁にたった家』が1942年に岩波書店から石井桃子訳で出版された。写真は岩波少年文庫版。

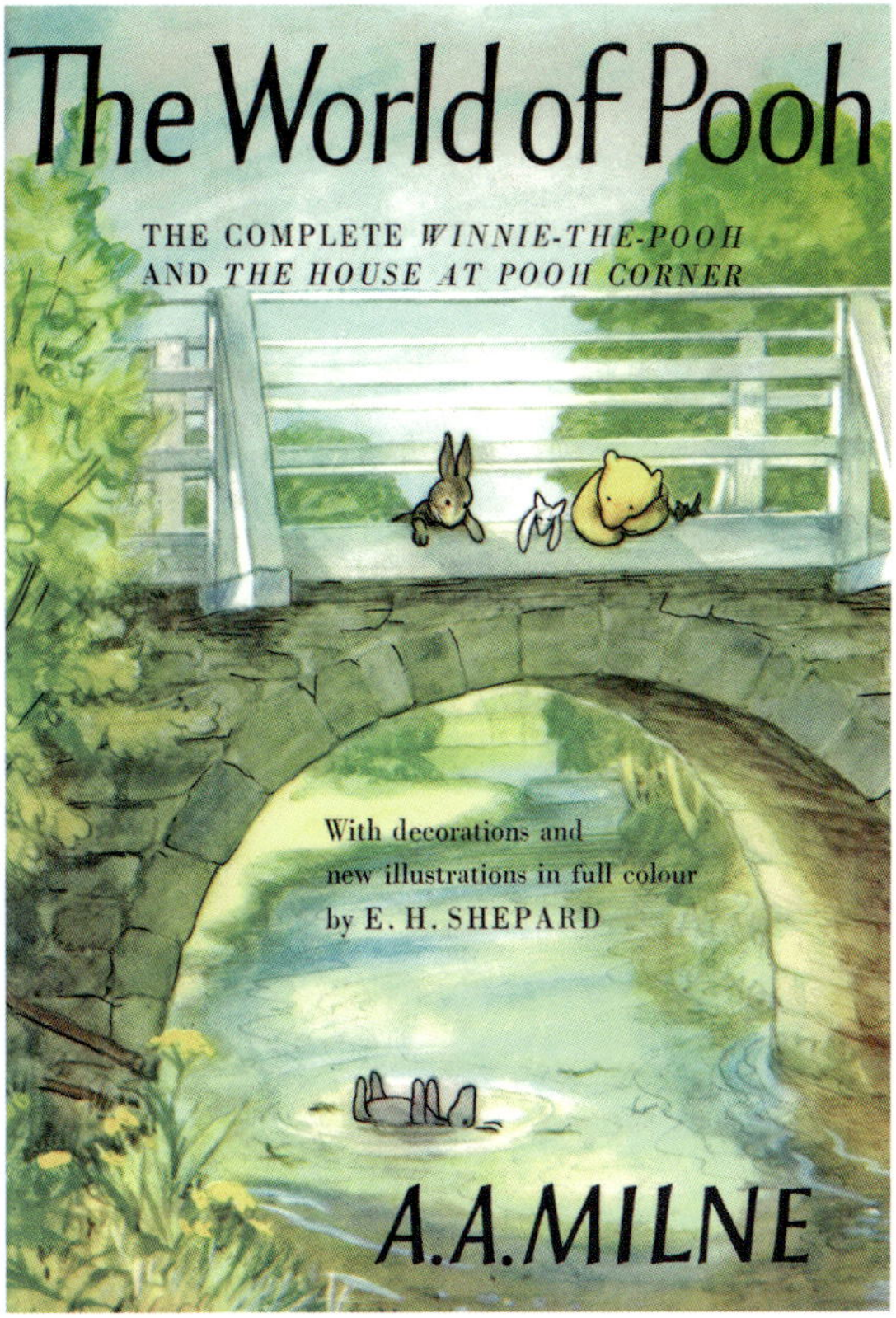

『クマのプーさん』と『プー横丁にたった家』の2冊をまとめた豪華本。

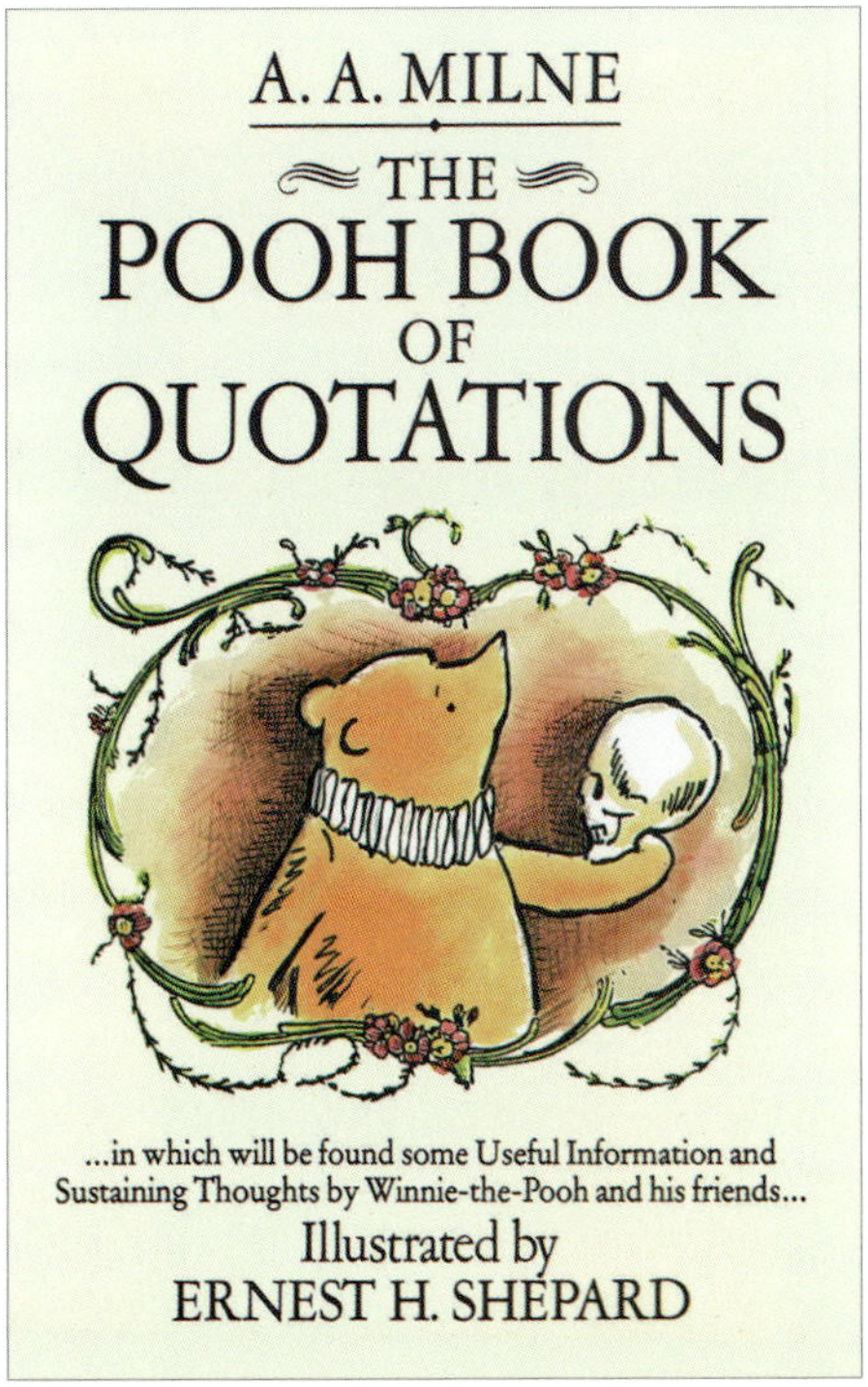

『The Pooh Sketchbook』は「プー」シリーズ４冊のシェパードの下絵をまとめたもので、邦訳はブックローンから出たが、現在絶版。『The Pooh Book of Quotations』は食べること、旅行することなどテーマ別に、暮らしのヒントになる「プー」シリーズからの引用をまとめたもの。

ーム」の周りの〝アッシュダウンの森〟です。ミルンはシェパードをハートフィールドに招待し、シェパードは存分にスケッチを行いました。シェパードの見事な挿画の後押しもあって、二冊のプーのお話はベストセラーに。「ナルニア国」シリーズとは違い、はじめに夢中になったのは大人だったそうです。

登場人物は実在するぬいぐるみたち

ミルン自身が述べているように、物語の登場人物たちのほとんどは、クリスト

ハートフィールドの風景。ミルンはハートフィールドに購入した「コッチフォード・ファーム」を頻繁に家族と訪れ田園生活を楽しんだ。母屋はこの写真にあるような家だったのだろうか。

ハートフィールドにある「プー横丁の店」で購入したプー・グッズ。土産店といえるものはここしかなく、気づかずに通り過ぎてしまうことも。

ファー・ロビンの子ども部屋にあったぬいぐるみたちです。母親がこうした動物たちに、独特の声や性格を与え、所有者のクリストファー・ロビンがさんざん遊んでくたくたになったものを、シェパードが写しとって描きました。

ウサギとフクロウだけはミルン自身が創造したものです。モデルがあるということで、ファンはますます熱くなりますが、ミルンはクリストファー・ロビンがそれらのおもちゃを卒業する年齢になったのを見て、クマのプーさんのお話も終わりにしました。

ミルンは子どもの本をやめ、大人向けの小説や戯曲に戻りましたが、プー物語の名声がいつもつきまといました。ミルンは子どもの本から逃げ出したかったのにできず、晩年はかなりつらい思いをしたようです。それは、いつまでもお話の中に名前が残る息子のクリストファー・ロビンも同じでした。多くの読者を楽しませるお話が、それを書いた作者と家族に暗い影を落とすというのは悲しいことです。それでも、プーの世界は作者の手を離れて、独り歩きをし、キャラクター商品化され、今ではディズニーによるアニメ化もあり、世界中にファンを増やし続けています。

column

テディ・ベア

“テディ・ベア”の名前の由来はアメリカ大統領セオドア・ルーズベルト。大統領を熊狩りに招待したミシシッピー州の人々が、１頭も熊が出て来なかったため事前に捕獲していた子熊を大統領に差し出します。大統領が子熊を撃つことはできないと断ったことが、新聞漫画となり、その行為を讃えるために作られたクマのぬいぐるみに、大統領の名前セオドアの愛称“テディ”の名前がつけられたのです。

大統領の許可を得て発売された“テディ・ベア”は大人気となり、アメリカで最初のテディ・ベア製造会社「アイデアル・ノヴェルティ・アンド・トイ・カンパニー」ができたほどです。これをきっかけに、テディ・ベア・ブームが始まりました。

クリストファー・ロビンが持っていたテディ・ベアは、母が息子の１歳の誕生日プレゼントにハロッズで購入した、英国のファーネル社製のもの。その後、ピグレットやカンガ、ルー坊やと、ぬいぐるみの仲間が増えていきます。物語のモデルとなったこのぬいぐるみたちは、現在、ニューヨーク公立図書館に所蔵されています。

プーのお話のモデルになった、アッシュダウンの森。遊歩道が整備され、プーが棒なげをして遊んだ木の橋、ルーの砂場、ノース・ポールといった物語にちなんだ場所が、ファンを楽しませている。

column

戦後に書かれたくまの物語

一〇日間で完成した『くまのパディントン』

くまが主人公の物語で、戦後に書かれ、今も人気があるのが「くまのパディントン」シリーズです。作者のマイケル・ボンドは一九二六年にニューベリーに生まれました。現在もお元気で、二〇一四年に公開された実写映画「パディントン」を笑顔で鑑賞、実は映画の中にも登場しているといいます。

『くまのパディントン』執筆のきっかけは、一九五六年のクリスマスに妻へのプレゼントとして買ったくまのぬいぐるみ。棚にぽつんと残っているぬいぐるみを見て、かわいそうに思ったのだとか。当時パディントン駅の近くに住んでいたボンド、そのぬいぐるみを“パディントン”と名づけ、そのぬいぐるみのお話をいくつか書いてみました。出版を考えてのことではなく、ちょっとした楽しみとして書き始めたそうですが、一〇日間で本が完成してし

パディントン駅のホームに設置されている、パディントンの銅像は実物大。身長106cm。『パディントンフランスへ』で、パディントンは、くまには誕生日が年に2回あると言っています。パディントンの誕生日は、6月25日と12月25日。

左：1972年、ボンドは小さい子どもも読めるよう、パディントンの短いお話をオールカラーの絵本として出すことを思いつき、1977年から絵本シリーズが出版された。理論社のシリーズがそれで、挿画はR・W・アリーが担当している。
右：福音館の「パディントン」シリーズは全10冊。挿画は初代のペギー・フォートナム。

まったそうです。
『くまのパディントン』はこうして一九五八年に、ウィリアム・コリンズ＆サンズ（現在のHarper Collins社）から出版され、好評だったのでシリーズ化されました。

「どうぞこのくまのめんどうをみてやってください。おたのみします。」

物語は、くまのパディントンがパディントン駅にやってくるところから始まります。パディントンはペルー出身。生後まもなく起きた地震で孤児となり、老ぐまのルーシーおばさんと一緒に暮らしていました。老ぐまホームに入居することになったおばさんは、パディントンを英国に移住させることにします。パディントンが不自由なくすごせるように英語を教え、その後英国行きの船の救命ボートに忍び込ませました。長い船旅の末にパディントンが辿り着いたのはロンドンのパディントン駅。

ブラウン夫妻は娘のジュディを迎えに行ったパディントン駅で、遺失物取扱所の郵便袋の陰で、スーツケースにポツンと座っているくまに気づきます。「どうぞこのくまのめんどうをみてやってください。おたのみします。」と書かれた札を首から下げていました。ブラウン夫妻はパディントンを自宅へ連れて帰り、出会った場所にちなんで“パディントン”と名づけました。子どものように無邪気なパディントンが起こす事件には多くのファンが夢中になりました。ボンドは児童文学での功績が認められ、一九九七年に大英帝国勲章（OBE）を授与されました。

パディントン駅構内にはパディントン・グッズを売るショップもある。そこに設置されたパディントン像。

2015年に公開された実写映画「パディントン」は大ヒット。映画に登場したポートベロー・マーケットのお店と、地下鉄「メイダ・ヴェール駅」。現在、第２弾が製作されている。この製作チームは、フランシス・ホジソン・バーネットの『秘密の花園』の映画化も予定しているそう。『秘密の花園』はこれまでも映画化されており、近作は1993年のアグニエシュカ・ホランド監督のもの。

第9章

『ピーターラビットのおはなし』他、「ピーターラビット」シリーズ

作者

ビアトリクス・ポター

Beatrix Potter

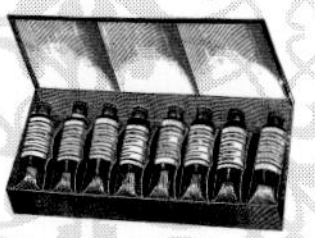

1866年	イングランドのロンドンに生まれる。
1882年	湖水地方を初めて訪れる。ローンズリー牧師に出会う。
1890年	ヒルデスハイマー＆フォークナー社に絵が売れる。
1893年	家庭教師だったアニーの息子ノエル・ムーアに絵入り手紙を送る。
1901年	『ピーターラビットのおはなし』を自費出版。
1902年	フレデリック・ウォーン社から修正版『ピーターラビットのおはなし』出版。『グロースターの仕たて屋』を自費出版。
1903年	修正版『グロースターの仕たて屋』出版。『りすのナトキンのおはなし』出版。
1904年	『ベンジャミン バニーのおはなし』『２ひきのわるいねずみのおはなし』出版。
1905年	ノーマン・ウォーンと婚約するも、ノーマン死去。湖水地方ニア・ソーリーのヒルトップ農場を購入。『ティギーおばさんのおはなし』『パイがふたつあったおはなし』出版。
1906年	『ジェレミー・フィッシャーどんのおはなし』『こわいわるいうさぎのおはなし』『モペットちゃんのおはなし』出版。
1907年	『こねこのトムのおはなし』出版。
1908年	『あひるのジマイマのおはなし』出版。
1909年	「カースル・コテッジ」を購入。
1913年	ウィリアム・ヒーリスと結婚。『こぶたのピグリン・ブランドのおはなし』出版。
1943年	死去。

スコットランドのバーナムにある「ビアトリクス・ポターエキシビション＆ガーデン」。ビアトリクスの家族はバーナムのそばの「ダルガイズ・ハウス」でも休暇をすごしていた。菌類の研究をしていたビアトリクスは1892年にダルガイズのアマチュア博物学者チャールズ・マッキントッシュと知り合い、交流を深めた。

ピーターラビットと湖水地方

本の名声に区切りをつけ、まったく新たな道を進んでいった女性がビアトリクス・ポターでしょう。ビアトリクスが絵本作家として活躍したのは一〇年とちょっと。絵本への興味を失うと、ビアトリクスは農場経営者として邁進《まいしん》し、農場経営者として人生を終えます。実に潔い幕引きです。農場経営者としてのビアトリクスの暮らしも興味深いものですが、やはり「ピーターラビット」シリーズのファンとしては、どうやってあの絵本が生まれたのか注目してしまいます。

映画「ミス・ポター」（二〇〇六）は、ポターの人生を辿るうえで実によく構成された映画です。ロンドンの裕福な中流階級の家に生まれ、当時の良家の子女と同じように家庭教師に勉強を教わりました。子どもは親に反抗してはならない、親の承諾や付き添いなく外出してはならない、女性は働くものではない、いい条件の男性と結婚するまでは親の下にいるものだという、当時の慣習にがんじがらめにされ、閉ざされた子ども部屋で、退屈で自分を押し殺したような毎日を送っていたそうです。それをまぎらわせるためにウサギやハリネズミ、イモリなどの小動物を飼い、絵を描くことが得意だったポターは鋭い観察力でそれらの動物をスケッチしていました。

読書も好きで、ルイス・キャロルの『不思議の国のアリス』は、ストーリーではなく、ジョン・テニエルの挿画のほうを夢中になって眺めていたそうです。

ビアトリクスがのびのびとした自由を感じるのは、夏の休暇をすごすイングランドやスコットランドの田舎でのひとときと、同じく郊外に暮らす祖父母の家に遊びにいくときで、休暇旅行には飼っている動物も連れていきました。

都会での暮らしにまったく魅力を感じていなかったというビアトリクス。お嬢様でありながら田舎での暮らしを好み、溶け込み、のちに農場経営者として湖水《レイク》・地方《ディストリクト》で暮らすことにも何のためらいもなかったでしょう。

知り合いの子どもに描いた絵手紙

ビアトリクスが絵本を書くきっかけになったのは、ビアトリクスの家庭教師をしていたアニー・ムーアの子どもたちの存在でした。ビアトリクスはムーア家を訪れた際、絵を描いたり、お話を聞かせたりして子どもたちを喜ばせました。訪ねられないときは手紙を書いて交流を続

ビアトリクスが、『グロースターの仕たて屋』の舞台になった18世紀の洋服を調べるために訪れたサウス・ケンジントン博物館。展示ケースから実物を出して見せてもらい、スケッチをしたという。この博物館は1899年、「ヴィクトリア＆アルバート博物館」と名称を変えた。写真は現在の建物で1909年に完成。膨大なコレクションを誇り、ビアトリクスの作品も多数保存している。

column

博物学

20歳すぎから、ビアトリクスがとくに興味を持ち、研究に没頭したのはキノコなどの菌類です。ヴィクトリア朝期、博物学が大衆にまで、ファッションのように流行しました。家の中には昆虫や貝、植物のコレクションが所狭しと並べられ、新種の発見は大きな話題になりました。画家は描くものを解剖学的にとらえることも重要でした。動物を解剖してスケッチしたほどのビアトリクスが、菌類にも興味を持ったのは不思議なことではありません。ビアトリクスは、自然が作り出す美しさに心から魅了されたのでした。

ビアトリクスは自分で菌類を採取し、正確に描き出しました。その研究成果は、学者でさえも舌をまくほどでしたが、この時代、女性の、それも素人の若い女性の研究は軽んじられ、日の目を見ることはありませんでした。失意のうちに、菌類への関心は冷めていきました。菌類研究で成功していたら、絵本の出版はなかったかもしれません。ビアトリクスは菌類の研究に実に10年を費やしました。

ヒルトップ農場のあるニア・ソーリーはとても小さな、かわいい村なので歩いて回りたい。今でもビアトリクスが描いた素朴な農村風景が味わえる。

けました。一八九三年、何か月も床についていた五歳のノエル・ムーアを元気づけるために、滞在していたスコットランドから絵手紙を送ります。

「ノエルへ　あなたに何を書いてあげたらいいかわからないので、四匹のウサギのお話をすることにします。ウサギの名前は、フロプシー、モプシー、カトンテール、それにピーターでした……」

その手紙をもらったノエルや子どもたちはとても喜びました。その後も送られた絵手紙が何年もの間、大切に保管されていたことからも、子どもたちがどれほど大事に思っていたかがうかがえます。ビアトリクスがそれを絵本にして出版しようと思うのは、手紙を書いてから七年もあとのこと。

三〇歳をすぎても独身だったビアトリクスは、両親から自立したくて絵を描き続けていましたが、仕事にはつながりません。そんなとき、家庭教師だったアニーが、子どもたちに送ってくれたいくつかの絵手紙を本にしてみてはどうかと提案したのです。ビアトリクスは意を決して取り組みました。文章を書き、絵もモノクロで描きました。子どもが手にしやすい小さなサイズで出すことも、ビアトリクスのこだわりどころでした。ナショ

ビアトリクスは絵本の中に村の家や風景をそのまま使っている。『あひるのジマイマのおはなし』に描かれたパブ「タワー・バンク・アームス」。看板に絵本の中の絵が使われている。

『パイがふたつあったおはなし』でダッチェスが手紙を受け取る場面で描かれた「バックル・イート」。現在、ティールームを兼ねたB＆Bになっている。

column

湖水地方《レイク・ディストリクト》

イングランド北西部に広がる、多数の湖が点在する景勝地。レイク・ディストリクト・ナショナル・パークは、イングランドのナショナル・パークとしては最大の面積を誇り、16の湖と500以上の池があります。一番大きな湖はウィンダミア湖で、ビアトリクスが住んだニア・ソーリーの近くにあります。詩人のウィリアム・ワーズワース（1770〜1850）やサミュエル・テイラー・コールリッジ（1772〜1834）らも美しい景色を愛し、この地に住みました。湖水地方を舞台にした児童文学としてはアーサー・ランサム（1884〜1967）の「ツバメ号とアマゾン号」シリーズも有名で、物語の舞台はコニストン湖です。

ナル・トラストを組織したローンズリー牧師のはからいで、原稿は何社かの出版社に送られたものの、受け入れてくれるところはありません。ビアトリクスは自費出版することにします。

自費出版した絵本が人気に

こうして『ピーターラビットのおはなし』が一九〇一年に完成。親戚や友人に買ってもらい、二か月後には追加印刷さ

ヒルトップ農場は、現在ナショナル・トラストがビアトリクスが住んでいた当時のまま保存・管理し、一般に公開している。母屋に向かう小道の両側は“ボーダー花壇”。細長い植物の植え込みが続いている。この庭はビアトリクス自身が創り上げたもの。『こねこのトムのおはなし』にもこの庭や母屋が描かれている。

れています。この自費出版の絵本を購入した人の中には、作家のコナン・ドイルもいました。

自費出版の絵本ができあがったその日、ビアトリクスはフレデリック・ウォーン社から出版したいという申し出をもらいました。お互いの条件が交換され、一九〇二年、二種類の装丁で『ピーターラビットのおはなし』ができあがりますが、発売前にすべてが売り切れるほどの人気でした。

ビアトリクスはすでに次の絵本も自費出版しようと決めていました。『グロースターの仕たて屋』は、やはりムーア家の子どもたちのために絵手紙として描かれたもので、絵本用に描き直して出版しました。その本を受け取ったウォーン社は、もっと短くしたものを絵本にしたいと思い、ビアトリクスの次のアイデア『りすのナトキンのおはなし』と合わせて出版契約を結びました。両親は娘が働いていることをよく思わず、階級が下のウォーン社と仕事をすることにも反対しましたが、ビアトリクスは絵本作りをやめませんでした。絵本がよく売れ、高額の印税をもらったビアトリクスは自立していける確信を得て、喜びました。

『りすのナトキンのおはなし』のあと、

一九〇四年には『ベンジャミン バニーのおはなし』『2ひきのわるいねずみのおはなし』を出版。ビアトリクスは登場する動物たちは、自分で飼ってスケッチし、精密に描いています。絵本作りはビアトリクスに生きがいを与えました。

一九〇五年には、ウォーン社の担当編集者ノーマン・ウォーンから結婚を申し込まれ、承諾しました。ビアトリクスは三九歳、もう両親の承諾なしに結婚できましたが、ことを荒立てたくなかったビアトリクスは婚約を家族以外の誰にも教えないという両親の願いを聞き入れます。結婚して自由になる、愛するノーマンと一緒に仕事をしていくという希望を得てビアトリクスは幸せだったことでしょう。しかし、婚約して一か月もたたずに、ノーマンは病気で亡くなってしまうのです――。

悲嘆にくれるビアトリクスは、絵本作り、農場を持つことで悲しみをまぎらせます。一九〇五年、ビアトリクスはニア・ソーリー村のヒルトップ農場を購入。翌年『ティギーおばさんのおはなし』『パイがふたつあったおはなし』が出版されました。これはニア・ソーリーを舞台にした最初の絵本で、ビアトリクスは村をほめたたえるために作ったと述べています。村人たちは絵本が出るのを心待ちしており、本の中に描かれているどの石も、どの片隅も、どこにあるといいあてることができたそうです。これはビアトリクスのスケッチの正確さ、詳細さを物語っています。

ビアトリクスは購入したヒルトップ農場に住むことを両親から反対され、農場

中央の白い家が、ビアトリクスが1909年に購入した「カースル・コテッジ」。ウィリアム・ヒーリスとの結婚後の住まいとなり、生涯をとじた家でもある。現在一般の方が住んでいるため非公開。

ニア・ソーリーの隣村ホークスヘッド。『パイがふたつあったおはなし』で街並みが描かれている。「ビアトリクス・ポター・ギャラリー」もある。

column

ナショナル・トラスト

正式名称は「歴史的名勝と自然的景勝地のためのナショナル・トラスト（National Trust for Places of Historic Interest or Natural Beauty）」。産業革命が進む英国で、1895年、自然や史跡等を無理な開発から守るために、市民がその土地を買い取ることで保護していこうという、市民によるボランティア団体が組織されたのが始まりです。オクタヴィア・ヒル、ロバート・ハンター、ハードウィック・ローンズリーという3人の篤志家によって作られました。ハードウィック・ローンズリーが、ビアトリクスを励ました牧師です。活動は現在も続いており、世界中に広がっています。

湖水地方の美しい田園風景が現在も保たれているうらには、ビアトリクスの多大なる貢献があった。ピーターラビットをはじめとする動物絵本の源泉となった湖水地方の景観そのものに、ビアトリクスの思いが息づいているといえよう。

は小作人に住み込んでもらって経営しました。ビアトリクスがヒルトップに滞在するときのことを考えると増築が必要で、増築をしながら農場のほうも広げていきます。ビアトリクスは土地の農業を守りたいというローンズリー牧師の考えに賛同し、この土地にあうハードウィック種のヒツジの飼育にも乗り出しました。湖水地方の環境を守るため、市民運動にも参加しています。一九〇九年には「カースル・コテッジ」を購入。ビアトリクスの中で、湖水地方が占める割合はどんどん大きくなっていきました。

　農場経営に忙しい中でも、絵本への思いは忘れず、コンスタントにシリーズが出版されていきました。一九一三年に出版された『こぶたのピグリン・ブランドのおはなし』まで、ビアトリクスは一九冊の絵本を世に送り出しました。

農場経営者として生きる

　一九一三年はビアトリクスが弁護士のウィリアム・ヒーリスと結婚した年で、絵本作家としてのビアトリクスはここで終わりを迎えたといっていいでしょう。ビアトリクスはやっと両親の呪縛《じゅばく》から逃れてニア・ソーリー村に腰を落ち着けます。ヒーリス夫人となった喜び、やりたかった農場経営にますます意欲を燃やし、その後は求めに断りきれずに絵本を出すことはあったものの、以前のような輝きは見られません。

　子どもがいなかったビアトリクスは、夫が亡くなったあとは大部分がナショナル・トラストに渡るよう、遺言を残しました。ビアトリクスの二年後に亡くなった夫のヒーリスは、すべての土地をナショナル・トラストへ譲渡しました。一度も絶版にならず現在まで読み継がれている「ピーターラビット」シリーズの著者としてのビアトリクスの偉業もさることながら、農場経営者として地道に、しっかりと生き切ったビアトリクスの晩年の生き方も、同じ女性として尊敬します。

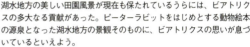

第10章

『時の旅人』、「グレイ・ラビット」シリーズ「チム・ラビット」シリーズ「サム・ピッグ」シリーズ

作者

アリソン・アトリー

Alison Uttley

© Mary Evans / PPS通信社

1884年	イングランドのクロムフォードに生まれる。
1903年	オーウェンズ・カレッジ(のちにヴィクトリア大学となり、現在はマンチェスター大学)に入学。
1906年	ケンブリッジのレディーズ・トレーニング・カレッジに入学。
1907年	卒業後、教師として働く。
1911年	ジェームズ・アトリーと結婚。
1914年	長男ジョン誕生。
1929年	『スキレルとヘアとグレイ・ラビット』出版。以後、シリーズは33冊に渡る。
1930年	ジェームズ、死去。
1931年	『農場にくらして(The Country Child)』出版。
1937年	『チム・ラビットのぼうけん』出版。
1938年	バッキンガムシャー・ベコンズフィールドの一軒家を購入。
1939年	『時の旅人』『四匹の子ブタとアナグマのブロック(「サム・ピッグ」シリーズの一作目)』出版。
1944年	『The spice woman's basket and other tales(この中の6篇をまとめたものが『西風のくれた鍵』として邦訳)』出版。
1948年	『John Barleycorn: Twelve Tales of Fairy and Magic(この中の6篇をまとめたものが『氷の花たば』として邦訳)』出版。
1950年	「グレイ・ラビット」シリーズが人形劇でテレビに登場。「子ネズミきょうだい」シリーズの出版始まる。
1954年	「こぎつねルーファス」シリーズの出版始まる。
1976年	死去。

時とともに装丁が少しずつ変わりながらも同じ小さな正方形判で出版され続けている「グレイ・ラビット」シリーズ。ガイ・フォークス・ナイト、スプリング・クリーニング、メイ・デーなど、未邦訳の絵本の中には英国の文化や風習を扱ったものも多い。

愛らしいウサギの挿絵

ビアトリクス・ポターのように、ウサギの絵本で知られるのが、アリソン・アトリー（本名アリス・ジェーン・テイラー）です。「グレイ・ラビット」シリーズとして知られる、世話好きの小さな灰色ウサギとその仲間の物語は三〇冊以上にもなる長いシリーズとなり、その一部が日本でも翻訳出版されています。キャラクター・グッズもさまざま販売されました。アトリーという名前は知らなくても、愛らしいウサギの挿画には見覚えがあるでしょう。

　アリソンの動物シリーズは他にも「サム・ピッグ」シリーズ、「チム・ラビット」シリーズ、「こぎつねルーファス」シリーズ、「子ネズミきょうだい」シリーズなどがあり、動物の子どもを描かせたら

『グレイ・ラビットのおはなし』のまえがきには“グレイ・ラビットも火を使ってお料理をしますが、燃やすのは木です。（略）お茶も、インドでつくる紅茶ではありません。むかしから田舎の人たちが乾して作っている小さなハーブのお茶です”とある。アリソンは昔ながらの暮らしをいつくしみ、作品の中に描いた。

アリソンの右に出る者はいないとまで言われたほどです。それは、アリソンが農場で育ったことが大きく影響しているでしょう。

　アリソンは、ダービシャーのクロムフォードという小さな村の、キャッスル・トップ農場で生まれ育ちました。人里離れた場所でしたが、アリソンはまったく淋しくなかったそうです。農場と、そこにいる動物たち、周りの畑や森を遊び場にし、愛情あふれる家族にも恵まれていたからです。田園風景とそこに生きる動物たちはアリソンの身体《からだ》の一部でした。クロムフォードは今も変わらず静かでのどかな村で、グレイ・ラビットたちが生まれた豊かな自然が広がっています。歩いていると、アリソンの物語の動物たちの笑い声が聞こえてくるようです。

中学校教師として

　労働者階級の家には生まれましたが、成績優秀だったアリソンはベイクウェルにあるレディ・マナーズ・スクールの奨学金を得て進学。文学と科学、数学はアリソンがとくに熱中したものです。一九〇三年にレディ・マナーズ・スクールを卒業。大学への奨学金も勝ち取ることができ、マンチェスターのオーウェンズ・カレッジに入学。専攻は物理でした。お金に余裕はなく、両親がどれほど大変な思いをして大学へ行かせてくれるかを知っていたアリソンの学生生活は、大変に質素でした。

　一九〇六年、大学を卒業。アリソンはさらに学びたかったものの、学費がなかったため、レディーズ・トレーニング・カレッジで訓練を受け、一九〇八年、ロン

column

スコットランド女王 メアリー

　1542年、生後わずか6日でスコットランドの王位を継承。1558年にフランス王妃になりますが、夫の死去で、スコットランドへ戻ってきます。1565年にダーンリー卿と結婚し、のちのジェームズ6世（イングランド王ジェームズ1世）を生んだことは、英国の歴史に大きな影響を与えました。

　ダーンリー卿が殺害された3か月後に三度目の結婚をしたことで多くの貴族の反感を買い、退位させられてしまいます。幽閉されていた城から抜け出し、イングランド女王のエリザベス（メアリーのいとこ）に庇護を求めましたが、19年間監禁され続け、自由になることはありませんでした。ヘンリー8世の重婚で生まれ、一時は庶子扱いされたエリザベスと、ヘンリー7世の曾孫にあたるメアリー。正統な血筋はメアリーのほうにあり、美しく、結婚経験もあるメアリーにエリザベスは複雑な思いを持っていたようです（結婚しないことを誇りにしヴァージン・クイーンと呼ばれるのを好んだとはいえ）。

　1586年に、エリザベス女王を暗殺し、メアリー女王を救出する計画を立てていたアンソニー・バビントンの手紙が発覚、バビントンとその仲間は処刑。それにかかわったという罪で、メアリーは翌年斬首されました。本当にメアリー女王がかかわっていたのか、イングランド側の罠だったのかはわかりません。このあたりは映画「エリザベス　ゴールデン・エイジ」にも描かれています。子をなさなかったエリザベス1世亡きあと、イングランドの王位を継いだのはメアリー女王の息子ジェームズ6世でした（同君連合）。

アリソンの生家は村はずれの高台の森にあり、自伝的小説『農場にくらして』には何時間もかかって学校に通った思い出が綴られている。暗く神秘的な森の中を通るときの子どもの恐怖心なども克明に描かれている。

クロムフォードの中心地。田舎の小さな村だが、石灰岩の採石で知られ、1771年に水車を動力とする水力紡績機を発明し、綿糸産業を拡大させたリチャード・アークライトの大きな紡績工場も残っている。アークライトは英国の産業革命にかかわった起業家の1人といわれている。右：アークライトの工場につながるクロムフォード運河沿いは気持ちのいい散策路となっている。

キャッスル・トップ農場は、現在一般の方が住んでいるが、特別に見せていただくことができた。アリソンのいた頃とほとんどその姿は変わっていない。田園を描く作家としても知られるアリソンの原点がここにある。

ドンの中学校の科学の教師として働き始めます。二度目に借りたアパートの部屋の以前の住人が、作家のキャサリン・マンスフィールドだと知ったアリソンは興奮しました。しばらくして、アリソンは書くことを始めたのです。

「私は安い小さなノートに、バスや列車や店で見かけた人たちのことを書き始めた。えんぴつで薄く書いていたので、すぐに消えてなくなってしまった。キャサリン・マンスフィールドが子ども時代のことを書いたのだから、私も書こう、彼女とはまったく違う人生を書いてみせようと思った」(『ALISON UTTLEY—Creater of Grey Rabbit [邦題／物語の紡ぎ手アリソン・アトリーの生涯』より抄訳)。

しかし、彼女が自分の子ども時代のことを『農場にくらして』として発表するのはだいぶ先のことです。

アリソンが作家としてデビューするのは一九二九年、四四歳のときです。一九一一年に結婚してからデビューするまでの一五年以上もの間、作品を投稿していたという記録もなく、主婦として普通に暮らしていたようです。執筆のきっかけは、マンチェスター大学時代の恩師アレグザンダー教授との再会でした。教授はアリソンに近づいてきて、今何をやって

クロムフォードにほど近いデシックに残る、アンソニー・バビントンの屋敷。現在「The Manor Farmhouse」という名のB＆Bになっている。

いるかと訊きます。アリソンが結婚したことを告げると、教授は驚き、「だが、今は何を書いている？　最近何か書いたかね？」と聞いてきたのです。アリソンは驚きました。書くことへの情熱はあったものの、創造的なものを書いたことはなかったからです。

「心の底では書きたい、何か新しいものを創り出したいと思っていたのだが、まだ一言も生み出してはいなかった。口ごもりながら、何かを書こうと思っていると話すと、彼は熱心に耳を傾け、もっと詩を書くといいと言ってくれた」（同前）

なんと、教授はアリソンと、テイラーという同じ名字の女性とを、間違ってそう言ったのでしたが、アリソンはこの言葉に力づけられ、書くことを決心したようです。息子ジョンが寄宿学校へ入ったことも大きな要因でした。

『時の旅人』（岩波少年文庫）。挿画はフェイス・ジャックス。

アリソンはジョンから、何かお話を聞かせて、とせがまれると、いい本を探してくるよりは自分でお話を作ったほうが簡単だと思い、両親から聞いた昔話や、昔から仲がよかった動物たちのお話をしてあげたのです。アリソンは、毎日、ジョンと散歩に出かけては、散歩をしている野原や谷間に住む動物のお話を考え出して、ジョンに聞かせました。それはそれはたくさんのお話がアリソンから生まれたのです。ジョンが家から離れてしまい、お話を聞かせる相手がいなくなって、アリソンは寂しくてなりませんでした。

息子に話していた動物の話をまとめる

アリソンは今でも鮮明に覚えていて、人に話したくてたまらなかった、幸せだった農場生活の思い出を書き始めることになります。それが『農場にくらして』でした。できあがりを夫に見せると〝つまらないもの〟だと酷評《こくひょう》されたため、アリソンは原稿を引き出しにしまいこみ、次の作品に挑みました。よく息子に話していた、野ウサギやイタチ、オオカミやキツネの話――これが、ハイネマン社よ

広大だったバビントン家の敷地も家も、かなり縮小されたということだが『時の旅人』の舞台であるという感動が薄れることはない。庭や菜園を歩きながら、物語の中でも重要な役割を果たすハーブたちとお近づきになろう。

り出版されることになる『スキレルとヘアとグレイ・ラビット』でした。出版が決まったときは、夫と息子と三人でお祝いし、テーブルの周りを踊りまわったそうです。ビアトリクス・ポターの絵本を見て、挿画は大事だと感じていたアリソンは、ドロシー・ハットンを希望しましたが、ハイネマンはマーガレット・テンペストに決めてしまいました。また、テンペストのイラストのほうが価値が高いとし、アリソンの原稿は印税ではなく買い取りにされてしまいます。

アリソンは自分の待遇に不満はあったでしょうが、続編を書いてほしいという依頼に喜び、二作目『どのようにしてグレイ・ラビットはしっぽをとりもどしたか』を書き、翌年出版されました。以後、「グレイ・ラビット」シリーズとして書き続けられ、今日でも多くの子どもたち、大人たちに親しまれる絵本になっていくのです。

アリソンの幸福は、一九三〇年の夫の自殺によって砕かれてしまいました。ショックから立ち直れない中、葬儀や子どもの進学費などで金銭的にも苦しくなったアリソンは、一家の大黒柱《だいこくばしら》として本気で作家として活動することを決心します。夫に一蹴《いっしゅう》された『農場にくらして』はもう一度見直され、一九三一年に出版されることになりました。
　息子と夫のいない孤独と絶望感を忘れようとするかのように、アリソンは執筆に没頭します。一九三五年の日記には「執筆の決意と再確認」として、毎週一つの妖精物語を書くこと、週に一回は田舎の話を書くか写すかすること、毎日小説を六ページほど書いて、校正、手直ししたものを再校正することなどを、自分に課しています。
　人気作家になっても、原稿を拒否されることは少なくありませんでした。アリ

column

テューダー朝とハーブ

　庭が重要な位置を持つものとして描かれている英国の児童文学の中でも『時の旅人』はとくに注目されます。アリソンは16世紀の生活様式を詳細に調べ上げ、丹念に描きました。テューダー朝はハーブが生活に密着していた時代。台所の梁や壁には、ハーブの束がかけてあり、料理に使われました。

　また、石でできた家の床が寒かったこと（じゅうたんがもたらされるのはずっとあとです）と、当時流行した疫病予防のために、部屋の床にはハーブをまきました。床にまくハーブを“ストローイングハーブ”といい、防虫・殺菌効果の高いルーやラベンダー、マージョラム、タンジーなどが使われました。汚れたら掃き出し、新しいハーブをまき直すため、大量のハーブが必要で、どの部屋にもハーブの香りがしみこんでいたでしょう。

　バビントンの奥方が首からさげているポマンダーも疫病予防のためと、体臭を消すためのものでした。奥方はまた、蒸留室（スティル・ルーム）と呼ぶ部屋に、乾したタンジーやフィーバーフュー、カモミール、ワームウッドといったハーブの束を下げ、軟膏などの治療薬を作っています。こうした知識を持っていることは当時当たり前で、宮廷の侍女、主婦たちはこうしたハーブの自分ならではの利用法を誇りにしていました。主婦たちにとっての自慢は、病気に備えてたくさんのハーブで作ったコーディアル（強壮剤）を戸棚いっぱいに貯えていることだったと『ハーブ歳時記』（東京堂出版）にも書いてあります。

テューダー朝のまま残っているのがキッチンで、写真下はその暖炉の部分。上が暖炉の部分を外側から見たところ。

ソンは、金銭的にもしじゅう、自分が貧乏だと感じていたようです。実際はそんなことはなかったのですが、小さい頃からのお金の苦労がぬぐいきれなかったのでしょう。

お話の紡ぎ手として 多くの作品を遺す

一九三八年、アリソンは夫と暮らした家を手放し、もっと小さく、ロンドンにも近い、ベコンズフィールドに、家を購入しました。家も周りの環境も気に入り、その家に「サッカーズ」という名前をつけます。これは翌年出版が決まっていた『時の旅人』に登場する農場名として使われたものです。一六世紀にタイムスリップする少女ペネロピーの冒険と成長を描いた『時の旅人』は、好評を得、アリソンの代表作の一つとなります。

この物語で、アリソンは生まれ育った農場の近くにある貴族のマナー・ハウス「バビントン屋敷」を舞台にしました。ペネロピーが迷い込んだ一六世紀はエリザベス一世が統治するテューダー朝で、屋敷の当主はアンソニー・バビントンでした。アンソニーはスコットランド女王メアリー・スチュワートこそ正統な王位継承者と仰ぎ、当時エリザベスによって幽閉されていたメアリー女王を救い出す計画を立てていました。

写真左が、村のプロテスタント教会。サッカーズの一部のように見える、と描写されているように、すぐそばにあり屋敷の窓からもその塔が見える。しかしバビントン家の信仰はカトリックであった。それは秘密にされたため、物語にも登場するように、自邸内に自分たちが祈りを捧げるカトリック教会を作っていた（写真上）。

未来から来たペネロピーは、その計画が失敗し、メアリー女王はエリザベス暗殺容疑で処刑されることを知っています。しかしペネロピーはアンソニーを止めることができません。〝バビントン事件〟として知られるこの実話がもとになっていることもあって、『時の旅人』はファンタジーを超えたリアリティで私たちに迫ってきます。物語を貫くハーブの香り、そして「グリーン・スリーブス」の曲……すべてが絶妙に調和する、この完成度の高い作品は、もっともっと評価されるべき名作です。

第二次世界大戦のさなかにあっても、アリソンの健筆は衰えることはなく、次々と作品を発表。九一歳で亡くなるまで、創作意欲が途切れることはありませんでした。『デイリー・テレグラフ』紙は「田園地方を愛しむ心が、彼女の執筆活動にとってつねに欠かせない要素だった。無数の児童書の他に、大人向けの感性豊かな本も、素晴らしくゆったりとしたスタイルで著している……アリソン・アトリーは生来のストーリーテラーであった」（同前）と、訃報を伝えました。

　彼女は短編も含めて驚くほど多くの作品を残しました。英国のどの家庭にも、必ず一冊はアリソンの本があるとまでいわれていたほどです。アリソンはたとえ生きていくために書かなければならなかったとしても、そこには書くことへの情熱と愛情があったことは間違いありません。デビューするまでの長い間、彼女の中に眠っていた〝書きたい〟という思いのほとばしりが、のちにあふれ、止まらず、次々と形となっていったのでしょう。

アリソンが亡くなるまで住んだ、ベコンズフィールドにある一軒家「サッカーズ」。写真上の、庭に面した窓辺で執筆していたという。

アリソンの墓碑には「作家　お話の紡ぎ手」――とある。

column

ナニー

　19世紀、英国の裕福な家庭では、両親は子育てにかかわらず、子どもの面倒を見る若い女性を住み込みで雇う習慣がありました。ナースあるいはナニーと呼ばれる仕事で、雇い主よりも下層の階級出身の女性が就くため、使用人の１人とみなされていました。身のまわりの世話だけでなく、しつけや教育なども任されます。子どもは大きくなると、ナニーを卒業し、家庭教師（ガバネス）をつけられるか、寄宿学校に出されました。

　次頁で紹介する「メアリー・ポピンズ」はナニーとしてバンクス家にやってきます。他のナニーがもてあます子どもたちをあっという間にお行儀よくしてしまうのです。メアリー・ポピンズは自信に満ちあふれ、決して子どもに甘い顔をせず、しつけに厳しい。しかし、魔法使いのように不思議なことを起こすので、子どもたちからは慕われます。メアリー・ポピンズがいると退屈せず、次に何が起きるか楽しみでならないからです。

　行儀の悪い子どもたちをナニーがしつけるお話としては、クリスティアナ・ブランド（1907～1988）の『マチルダばあやといたずらきょうだい』『マチルダばあや、ロンドンへ行く』（あすなろ書房）も知られています。これは「ナニー・マクフィーの魔法のステッキ」（2005）、「ナニー・マクフィーと空飛ぶ子ブタ」（2010）という実写映画になりました。

column

メアリー・ポピンズ
「メアリー・ポピンズ」がわたしの人生です

　二〇一三年に公開された映画「ウォルト・ディズニーの約束」は「メアリー・ポピンズ」シリーズを書いた作家P・L・トラヴァースが、メアリー・ポピンズの映画化にあたって、ディズニーと交渉する過程を描いたものです。トラヴァースは断り続けてきたものの、金銭的な困窮が、彼女をアメリカへと向かわせます。打ち合わせ内容はすべて録音するようにとの指示に始まり、トラヴァースは脚本にいちいち文句をつけ、スタッフをことごとく困らせます。トラヴァースは本当にこんなにわがままで嫌味な女性だったのかと疑ってしまうほどですが、エンドロールにテープレコーダーが映り、ディズニースタッフとトラヴァースの実際の交渉の肉声が流れたときには、この映画が実際のやりとりをもとに作られたことがわかります。

　トラヴァースは伝記や自伝を嫌い、自分の人生を語ることはしませんでした。「わたしの自伝的事実をさがしていらっしゃるのなら『メアリー・ポピンズ』がわたしの人生です」と述べているように、メアリー・ポピンズにはトラヴァースを知る手がかりがたくさん隠されているようで、ディズニーの映画は、トラヴァースの子ども時代と、メアリー・ポピンズの物語との結びつきがよくまとまっており、トラヴァースという作家を知るうえでも大事な映画となっています。

　映画の原題は「Saving Mr. Banks」。トラヴァースが本名のヘレン・ゴフを

バンクス一家が住んでいるのはロンドンの桜町通り17番地にあるタウンハウス。写真が典型的なタウンハウスだ。タウンハウスは間口は狭いが奥行きがあり、地下から上層階までが一つの家になっている（つまり上下階に別の家族が住まない）。建物は通りに面して正面なので、窓からは常に通りを眺められ、それが連続していることで統一された街並みになっている。

ハムステッドにある、18世紀に建てられた「アドミラル・ハウス」。物語の中でブーム提督の家のモデルとなった家だ。トラヴァースも住んだことがある。

トラヴァースが、静養のために1931年に移った「パウンド・コテージ」。1632年に建てられたこの古い茅ぶき屋根の家は現在、ヘリテージ・ビルディングとして登録されている。ここで快方に向かったときに、トラヴァースはメアリー・ポピンズを執筆した。

使わず、父親の名前トラヴァースを使っているのは、八歳で亡くした大好きな父親を思う気持ちからでしょう（バンクス氏の職業は、トラヴァースの父と同じ銀行員）。脚本の中で、バンクス氏が冷たい人間のように描かれていることにトラヴァースが激怒するのは、自分が幼いため何もしてあげられないうちに亡くなった父親とバンクス氏を重ねていることにも気づきます。ディズニーは自分のつらかった少年時代を赤裸々にトラヴァースに語り、映画でバンクス氏（トラヴァースの父親）を救い（saving）ましょう、悲しい過去から脱却しましょうと語る場面は、この映画のハイライトといえます。

自分の中にいる隠れた子どものために

メアリー・ポピンズはいきなりトラヴァースの頭に浮かんだのではありません。小さい頃からトラヴァースの中に住んでいたそうで、トラヴァースは自分がメアリー・ポピンズを創作したなどとは思ったことがない、おそらくメアリー・ポピンズのほうが私を創作したのだろうと述べています。病気療養のために住み始めたパウンド・コテージで、トラヴァースは一作目『風にのってきたメアリー・ポピンズ』を書きあげ、一九三四年に出版されます。ジャーナリストとして働いていたトラヴァースの、初めての著書でした。

トラヴァースはこのあと『帰ってきたメアリー・ポピンズ』（一九三五）、『とびらをあけるメアリー・ポピンズ』（一九四三）、『公園のメアリー・ポピンズ』（一九五二）とシリーズを続け、番外編も含めると、八九歳になるまで、メアリー・ポピンズとすごしました。トラヴァースはメアリー・ポピンズを実際の子どもを対象にして書いてはおらず、むしろ自分の中にいる隠れた子どもに向けて書いていたとのこと。満たされない自分の子どもの部分を、自分で励ましていたのかもしれません。そう思うと、メアリー・ポピンズはナニーではなく妖精で、トラヴァースを救うために自ら風にのってやってきたのでしょう。傘をさし、風にのってやってくるというところは、子どもであれば誰でもぞくぞくする場面で、強烈な印象を植えつけます。

「ウォルト・ディズニーの約束」で、ロンドンに帰ってきたトラヴァースが、エージェントにお料理の本を書いていると告げる場面がある。1975年に出版された『Mary Poppins in the Kitchen, A Cookery Book with a Story』のことだろう。写真はその邦訳『台所のメアリー・ポピンズ』（アノニマ・スタジオ、2014）。1962年に出版した『メアリー・ポピンズ AからZ』を思わせる工夫がこの本にもあり、後半に掲載されている料理はAからZまでの頭文字で始まるエドワード朝のレシピである。挿絵は「メアリー・ポピンズ」シリーズをずっと担当したメアリー・シェパード。『クマのプーさん』の挿絵を描いたE・H・シェパードの娘だ。このタッチのおかげで、メアリー・ポピンズのきつさがやわらいでいる。

第11章

「グリーン・ノウ」シリーズ

作者

ルーシー・M・ボストン

Lucy Maria Boston

© Diana Boston

1892年　イングランドのサウスポートに生まれる。
1899年　父、死去。
1914年　オックスフォード大学サマヴィル学寮に入学するが、中途退学。戦時志願看護師として働く。
1917年　ハロルド・ボストンと結婚。
1918年　長男ピーター誕生。
1935年　離婚。
1937年　ヘミングフォード・グレイのマナー・ハウスを購入。
1954年　『イチイの館』『グリーン・ノウの子どもたち』出版。
1958年　『グリーン・ノウの煙突』出版。
1959年　『グリーン・ノウの川』出版。
1961年　『グリーン・ノウのお客さま』出版。
1964年　『グリーン・ノウの魔女』出版。
1967年　『海のたまご』出版。
1976年　『グリーン・ノウの石』出版。
1979年　自伝『意地っぱりのおばかさん』出版。
1990年　ケンブリッジシャーで死去。

「グリーン・ノウ」シリーズの邦訳は評論社から出版。写真は改訂新版。

「グリーン・ノウ」シリーズ

ルーシー・マリア・ボストン（旧姓ウッド）夫人は、一九六一年に出版した『グリーン・ノウのお客さま』でカーネギー賞を受賞しました。「グリーン・ノウ」シリーズは一九五四年に出版された『グリーン・ノウの子どもたち』が最初で、その後六冊のシリーズとして書かれました。ボストン夫人が本を書き始めたのは六〇歳になってからで、それまで出版やジャーナリズムの仕事をしたことはありません。

裕福な家に生まれ、寄宿学校、花嫁学校を経て、オックスフォード大学サマヴィル学寮に進学しますが、中途退学。看護師の訓練を受け、戦時志願看護師として働き、結婚しました。一人息子をもうけますが、一九三五年に離婚。イタリアやオーストリアで絵の勉強をし、英国に戻ってくるという、紆余曲折《うよきょくせつ》がありました。

一九三七年に、ヘミングフォード・グレイのマナー・ハウスを購入し、亡くなるまで住み続けました。「グリーン・ノウ」シリーズは、ボストン夫人が購入し、何年もかけて修復した、このマナー・ハウスと庭を舞台にしたお話です。一一二〇年に建てられたノルマン朝の、英国で一番古い建物の一つであるマナー・ハウス。この家の購入は偶然が重なって実ったものです。

ある日、ヘミングフォード村のどこかで一軒の家が売りに出されているという噂を聞いたボストン夫人は、二〇年以上前に訪れ、強い印象を残しているあのマナー・ハウスではないかと思い、タクシーを飛ばしてその扉を叩きます。この家が売りに出ていることを聞いたのですが、とボストン夫人が告げると、この家が売りに出ていることがどうしてわかったのですか、と問われます。売りに出すつもりではいたけれどもまだ広告を出していなかったというのです。売りに出ていたのは別の家で、ボストン夫人は勘違いをしていたのでした。しかしこの勘違いは天のはからいだったのでしょう、ボストン夫人はこうしてこのマナー・ハウスに住むことになったのです。

ボストン夫人は建てられた当時から延々と存在しているのに、忘れ去られて

作家の林望氏はボストン夫人の存命中にここに下宿したそうだ。マナー・ハウスと庭は現在、「The Manor」としてピーターの奥様ダイアナさんが管理し、事前予約で見学が可能。上の写真中央の窓がノルマン朝の様子がわかる部分。

『グリーン・ノウの魔女』より。© Diana Boston

『グリーン・ノウの煙突』より。© Diana Boston

ボストン夫人は自分の庭を、お気に入りの「レヴェンズ・ホール」の庭を参考にしたという。庭木を立体的、装飾的に仕上げたトピアリーはボストン夫人の庭でも大きな存在感をもっている。夏の間は3週間ごとに刈り込みをしなければならない、と自伝に書いている。
物語にも描かれているように、低地地方にあるマナー・ハウスは、雪解けの水で水びたしになる。ボストン夫人は、5年がかりで、水面よりも上になるように花壇の盛り土を築いた。そこに植えられた、ボストン夫人の愛するオールドローズのコレクションも見どころ。「オールドローズは五感をみたし、音楽のように何かを呼びさまし、共鳴する香りを持っているのだ」とボストン夫人は述べている。
写真右は物語にも登場する、動物の形に刈り込まれたトピアリー。

物語に出てくるトーリーの部屋。木馬、鳥かごなど、実際のものがそのまま再現されている。

しまった〝記憶〟や〝その時の感じ〟を受け止め、愛し、呼び起こしたいと思いました。時間がかかっても自分の手で家や庭を整えていったのも、その思いからです。家の魔力はボストン夫人に強く働きかけました。戦争が終わり、ようやく静けさが戻ってきたとき、ボストン夫人

挿画は、ボストン夫人の希望で、息子のピーターが描いた。その場所を熟知しているうえ想像力があるピーターは、物語の世界を見事に表現している。

は自分が強く感じていることを言葉にして書くことができるだろうと考え、仕上げたのが『イチイの館』でした。それを出版社に送るまでの間に、ボストン夫人は『グリーン・ノウの子どもたち』を書きあげてしまったそうです。「一つには収入に困っていたからでもあるが、それよりも、私自身のために、この場所に誰かを住まわせたかったからである。書き手が自分自身のために書いているのでなければ、人にその内容の良し悪しがどうしてわかるだろうか」とボストン夫人は、自伝『メモリー』に書いています。

column

ボストン夫人のパッチワーク

パッチワークとは、端切れを無駄にせず縫い合わせることで、大きな布を作ること。パターンや柄を作ることで芸術的な美しさが生まれます。ボストン夫人がパッチワークを本格的に始めたのは、物語を書き始めたのとほぼ同じ頃、60歳をすぎてからだそうです。マナー・ハウスの部屋の装飾のためでした。石造りの部屋はパッチワークがあることで安らぎが生まれます。夏の間はガーデニングにつとめ、寒くなってくるとパッチワークをしながら物語を考えていたそうです。

その腕前はかなりのもので、生前にパッチワーク展も開催されたほど。義娘のダイアナさんが『ボストン夫人のパッチワーク』（平凡社）としてまとめられたため、すばらしいパッチワークの数々を目にすることができます。80歳、90歳になっても、細かい作業を続けていたボストン夫人。その情熱のほどがうかがえます。

ボストン夫人手作りのパッチワークのカーテン。使い続けて傷んでくるたびに修復して大切に使っていたそう。

『グリーン・ノウの煙突』より。© Diana Boston

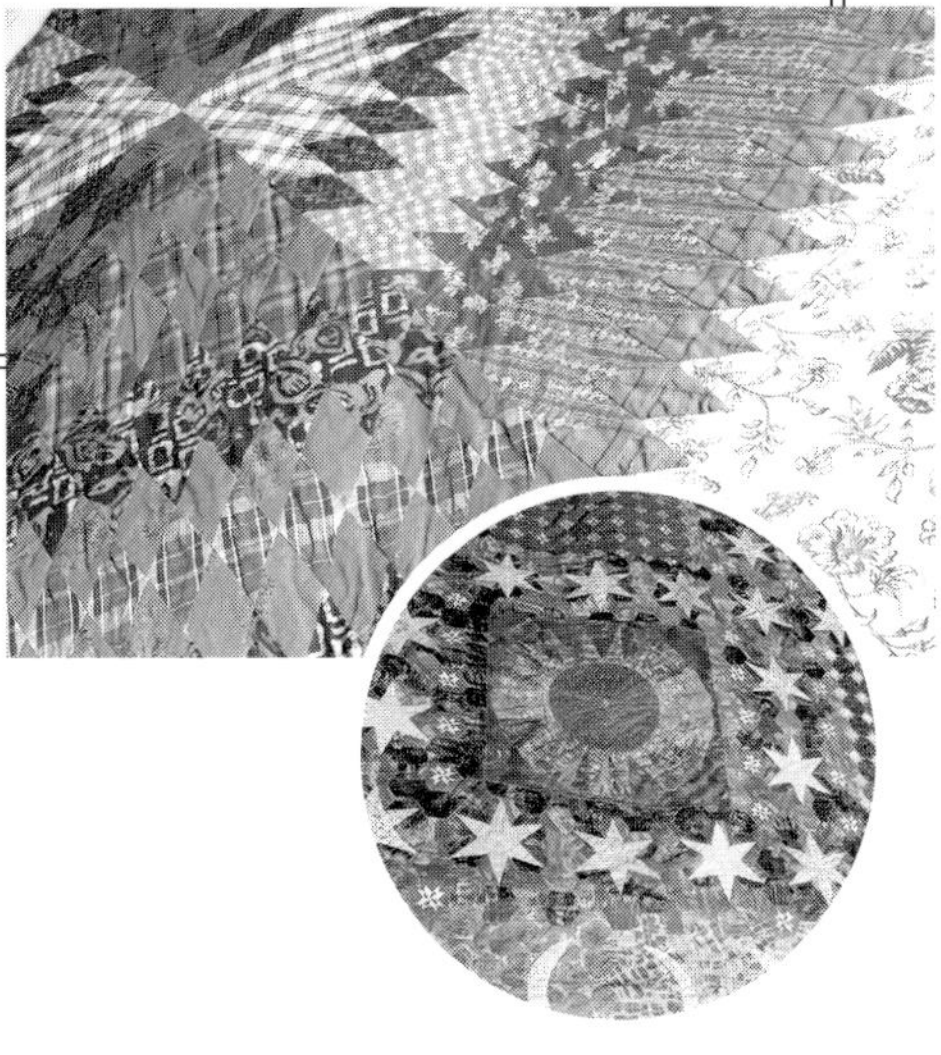

自分が住むマナー・ハウスを物語に

「グリーン・ノウ」シリーズはすべて、マナー・ハウス「グリーン・ノウ」で起こるタイム・ファンタジーです。一作目『グリーン・ノウの子どもたち』は、七歳のトーリーが一度も会ったことのない大おばあさん、オールド・ノウ夫人（これはボストン夫人自身でしょう）の家で冬休みをすごす間に、三〇〇年前の一七世紀にグリーン・ノウに住んでいた子どもたちと仲良くなります。グリーン・ノウのような古い屋敷では、どんなことが起きてもまったく不思議ではないのです。

『グリーン・ノウの川』より。© Diana Boston

一七世紀と今とをつなぐ役割を果たしているのが、庭にあるトピアリーです。トピアリーというのは、イチイなどの樹木や低木を、さまざまな形に刈り込んだもの。庭を探検していたトーリーは、シカの形や、リスや、クジャク、野ウサギ、オンドリやメンドリの形に刈り込んだイチイの木を見つけます。ずっと昔、一七世紀にグリーン・ノウに住んでいた子どもたちのために作られたことを知ります。

ペストが大流行したとき（一六六四〜一六六五年）、その子たちはその病《やまい》で亡くなってしまいました。彼らの肖像画が壁にかかっており、トーリーは彼らのおもちゃ箱も発見します。その子どもたちが、今も生きているように感じられ、実際に子どもたちの声を聞き、庭で一緒に遊ぶようになります。魔法がかけられた不気味な形のイチイの木が雷にうたれ、呪いがとける瞬間も一緒に目撃するのです。

『グリーン・ノウの煙突』では、イースター休暇でやってきたトーリーが、グリーン・ノウが売却されてしまうかもしれないことを知り、一五〇〇年前の宝石を探し出すうちに、その頃に生きていた子どもたちと知り合います。『グリーン・ノウの川』では、この家とは関係のない子どもたちが夏休みをすごす中で、不思議な体験をします。『グリーン・ノウのお客さま』は、孤児のピンがこの家の裏の森で、動物園から逃げ出したゴリラと心を通わせるお話。『グリーン・ノウの魔女』はトーリーとオールド・ノウ夫人、ピンの三人が、館を乗っ取ろうとする現代の魔女メラニー・デリア・パワーズに立ち向かいます。『グリーン・ノウの石』は、グリーン・ノウが建てられた一二世紀、この家の息子だったロジャーが、未来に住む子どもたちと交流する話で、今までのシリーズに登場する子どもたちが出てきて、シリーズの最後を締めくくるにふさわしい内容となっています。

『グリーン・ノウの石』は一九七六年に出版され、ボストン夫人はそのとき八四歳。一九九〇年に九七歳で亡くなるのですが、私自身が生まれ、大人へと育つ間に、英国でボストン夫人がこれらの物語を書いていたのだと思うと、さらに感動が増してきます。その物語の作者と同時代を生きていることは、愛読者としては何よりも嬉しいものです。

『メアリー・ポピンズ』のトラヴァースも、『トムは真夜中の庭で』のフィリッパ・ピアス（後述）も、私が大人になるまでご存命でした。また『くまのパディントン』のボンド、「ライラの冒険」シリーズのプルマンは現在も活躍しており、『ハリー・ポッター』のローリングに至っては私と一歳しか年齢が違いません。

戦後、英国児童文学の第二の黄金時代に生まれた物語は、名作として確固たる評価を得ました。これから先、どんなおもしろい児童文学に出会えるか、楽しみでなりません。

column

ノルマン大征服《コンクエスト》

1066年、ブリテン島はフランスのノルマン地方からやってきたノルマン人たちに征服されます。ノルマンディー公ギヨーム（ウィリアム）が「ウィリアム１世」として即位、足固めのため封建制度を持ち込み、厳しく支配。この血筋は現在にまで続いているため、現・王室の始祖もウィリアム１世です。ウィリアム１世によって始まったノルマン朝は四代で断絶、1154年に終焉《しゅうえん》を迎えました。

女性の大学進学

長い間、大学に入れるのは男性のみでした。1882年に、女性が初めて学寮の試験を受けていますが、きちんと学位を取れるようになるのは20世紀半ばになってからです。

フィリッパ・ピアスが学んだケンブリッジ大学ガートン学寮は、1869年に設立された初めての女子学寮。ボストン夫人が進んだオックスフォード大学サマヴィル学寮は1879年に設立された女子学寮です。

男性のみの学寮が女性を受け入れ始めた最初はチャーチル、クレア、キングス学寮で、1972年～1988年にかけて。反対に女性のみのガートン学寮が男性を受け入れ始めたのは1979年、サマヴィル学寮は1994年からです。オックスフォード大学セント・ヒルダズ学寮が男性を受け入れた2008年を最後に、英国ではケンブリッジ以外に女性のみの学寮はなくなりました。

column

『トムは真夜中の庭で』

フィリッパ・ピアス（一九二〇〜二〇〇六）の『トムは真夜中の庭で』も、タイム・ファンタジーで、庭が鍵になっています。一九五八年に出版され、カーネギー賞を受賞しました。

弟のはしかがうつらないよう、叔父のもとに預けられたトムは、大時計が一三回打つ音で部屋を抜け出し、昼間にはなかった庭へと足を踏み入れます。そこはヴィクトリア朝で、今は分割されてアパートになっている叔父の家は、ハティという少女が住む大屋敷でした。トムはその庭で、その後何度もハティと会いますが、ハティはそのたびに大人になっていきます。二つの時代と二つの時間が庭を中心に交錯、ラストの展開も見事です。『トムは真夜中の庭で』は、ピアスの代表作となっています。

トムが迷い込み、離れがたくなる庭は、広い芝生を囲むようにイチイの木が茂っています。芝生のどの隅からもそれぞれ一本の小径が延びていて、曲がりくねりながらいろいろな木の茂っている庭園の奥のほうへと続いています。花壇が芝生のあちこちにあり、片隅の三日月型の花壇にはヒアシンスが、丸い花壇ではニオイアラセイトウが咲いていました。大きな温室もあり、南側の高いレンガ塀には、石で作られた日時計がつけてあります。庭園の奥へいくと菜園、池や、石の階段をのぼっていく八角形のあずまやもありました。

作者のピアスは、グレート・シェルフォードにある、自分が育った家と庭園をモデルにしました。ピアスは挿画画家の求めで、その家と庭園の写真や絵を貸したので、挿絵のいくつかは現実の家と庭園がそのまま描かれています。挿画画家が実際に訪れてスケッチできなかったのは、ピアスの父が、家と庭園を売ってしまっていたからでした。ピアスは幸せな思い出が詰まった場所がなくなることを淋しく思い、そこを舞台にした物語を書くことにし、

ピアスの生家「キングス・ミル・ハウス」は現在、一般の方が住んでいるが、特別に見せていただいた。出版されて60年近くがたっているが、物語の雰囲気はかなり残っている。

物語にも出てくる、レンガ塀につけられた石造りの日時計もそのままだ。

column

スタジオジブリの映画の原作

スタジオジブリのアニメ映画の中には、英国の児童文学が原案となっているものがいくつかあります。

2004年公開の「ハウルの動く城」は、ダイアナ・ウィン・ジョーンズ（1934～2011）が1986年に出版した『魔法使いハウルと火の悪魔』をもとにしています。ジョーンズはロンドン生まれ。オックスフォード大学セント・アンズ学寮で学び、C・S・ルイスや、J・R・R・トールキンの講義も聞いています。子育て中に物語を書き始め、魔法をテーマにした子ども向けファンタジーを数多く執筆しました。

2010年公開の「借りぐらしのアリエッティ」は、メアリー・ノートン（1903～1992）が1952年に出版し、カーネギー賞を受賞した『床下の小人たち』をもとにしています。まったく魔法の力を持たない小人たちが、人間から借りものをして、用心深く、知恵と工夫で必死に生きていくというお話。原題は『ザ・ボロウワーズ（The Borrowers：借り手）』です。「ボロウワーズ」シリーズはこのあと『野に出た小人たち』（1955）、『川をくだる小人たち』（1959）、『空をとぶ小人たち』（1961）、『小人たちの新しい家』（1982）と続きました。

2015年に公開された「思い出のマーニー」は、ジョーン・ゲール・ロビンソン（1910～1988）が1967年に出版した『思い出のマーニー（原題：When Marnie Was There）』がもとになっています。子どものときから絵を描くことも好きで、自身の作品の挿画も手がけています。日本ではあまり知られていませんが、生涯30冊以上の本を書きました。映画では舞台を日本の北海道に変えていますが、原作のほうの舞台はイングランドノーフォーク州のバーナム・オーバリーです。

『床下の小人たち』（岩波少年文庫）。カバーイラストはポーリーン・ベインズで、作中の挿画はダイアナ・スタンレー。

それが『トムは真夜中の庭で』でした。

この本はピアスの二作目の作品で、一作目『ハヤ号セイ川をいく』（一九五五）も、グレート・シェルフォードを思い出して書いたもの。一九五二年に、肺結核にかかり、入院生活をしていた暑い夏、きょうだいと一緒に泳いだり、カヌーを漕《こ》いだりして遊んだキャム川（家のそばを流れていた）に行きたいと思い、キャム川がどれほど自分の中で大事な存在かに気づいたのだそうです。

一九七二年に、ピアスは娘と一緒にグレート・シェルフォードに戻ります。生家は人手に渡っていたので、近くの小さな家に住みました。子どものための引っ越しでしたが、自分が愛した場所で子育てができる喜びを感じていたことでしょう。

『Beatrix Potter at home in Lake District』Susan Denyer, Frances Lincoln Limited, 2000
『ビアトリクス・ポター　～描き、語り、田園をいつくしんだ人～』ジュディ・テイラー著、吉田新一訳、福音館書店、2001
『「ピーターラビット」の丘から　ビアトリクス・ポター』マーガレット・S・ユアン著、奥田実紀訳、文溪堂、2006
『ビアトリクス・ポターを訪ねるイギリス湖水地方の旅』北野佐久子著、大修館書店、2013
『ビアトリクス・ポター物語』サラ・グリストウッド著、本田佐良訳、スペースシャワーネットワーク、2016
『ピーターラビットの世界へ　ビアトリクス・ポターのすべて』河野芳英著、河出書房新社、2016

第10章
『The World of Alison Uttley: Biography』Elizabeth Saintsbury, Howard Baker Press, 1980
『The Private Diaries of Alison Uttley』Edited by Denis Judd, Pen & Sword Books, 2011
『物語の紡ぎ手　アリソン・アトリーの生涯』デニス・ジャッド著、中野節子訳、JULA出版局、2006
『アリソン・アトリー』佐久間良子著、KTC中央出版、2007
『不機嫌なメアリー・ポピンズ』新井潤美著、平凡社、2005
『P.L. トラヴァース』森恵子著、KTC中央出版、2006

第11章
『ボストン夫人のパッチワーク』ダイアナ・ボストン著、林望訳、平凡社、2000
『メモリー　ルーシー・M・ボストン自伝』ルーシー・ボストン著、立花美乃里・三保みずえ訳、評論社、2006
『フィリパ・ピアス』ピアス研究会著、KTC中央出版、2004

その他
『イギリスの生活と文化事典』安東伸介・小池滋・出口保夫・船戸英夫編、研究社出版、1982
『イギリス貴族』小林章夫著、講談社、1991
『植物学の黄金時代』リン・バーバー著、高山宏訳、国書刊行会、1995
『図説ヴィクトリア時代イギリスの田園生活誌』デイヴィッド・スーデン著、山森芳郎・喜久子訳、東洋書林、1997
『イギリス　7つのファンタジーをめぐる旅』さくまゆみこ著、メディアファクトリー、2000
『ミドル・クラス』川上源太郎著、中公叢書、2000
『子どもの本の歴史』ピーター・ハント編、さくまゆみこ・福本友美子・こだまともこ訳、柏書房、2001
『英国ファンタジー紀行』山内史子・文／松隈直樹・写真、小学館、2003
『はじめて学ぶ英米児童文学史』桂宥子・牟田おりえ編著、ミネルヴァ書房、2004
『英米児童文学の黄金時代』桂宥子・高田賢一・成瀬俊一編著、ミネルヴァ書房、2005
『階級社会の変貌』二十世紀英文学研究会編、金星堂、2006
『英国ファンタジーをめぐるロンドン散歩』山内史子・文／松隈直樹・写真、小学館、2016

おわりに

『赤毛のアン』から始まった児童文学ゆかりの地巡りは、かれこれ二〇年以上に及びます。小学生のときに出会った本が、私のライフワークともいえるテーマにつながりました。就職、結婚、出産、子育てという長い年月を経ても、変わらずに訪れたいという熱い思いは持続し、物語や作者ゆかりの場所も、なくなることなくずっとそこにあり続け、待っていてくれました。英国へ行くことは、ファンタジーの世界へ行くこと——私にとってはそうでした。

言葉も文化も違う国、個人旅行にはトラブルもあり、思うようにいかないこともたくさんありましたが、ファンタジーの国の旅には欠かせない〝冒険〟と〝スリル〟を味わったともいえるでしょう（笑）。

私は児童文学の研究者ではありませんが、ただただ、好きだという気持ち、憧れへの熱い思いで取り組んできました。こうして一冊にまとめていただくことができ、本当にありがたく、感謝の気持ちでいっぱいです。編集部の村松恭子さん、ご協力くださった皆様、ありがとうございました。

紙面の関係で、本書で取り上げられる作品数は限られてしまいましたが、これをきっかけに他の作品にも興味を持っていただけたら幸いです。これからも多くのファンタジーが英国から誕生するでしょう。まだまだ、私の英国探訪は終わりそうにありません。また、日本のファンタジーにも注目していきたいと思います。

二〇一六年　奥田実紀

参考文献

第1章

『ハリー・ポッター裏話』J.K. ローリング、リンゼイ・フレイザー著、松岡佑子訳、静山社、2001

『J.K. ローリング　その魔法と真実』ショーン・スミス著、鈴木彩織訳、メディアファクトリー、2001

『ハリー・ポッターと魔法のご馳走』クラリッジ玲子著、創元社、2004

『ハリー・ポッター誕生　J・K・ローリングの半生』コニー・アンカーク著、小梨直訳、新潮社、2004

『「ハリー・ポッター」の奇跡 J・K・ローリング』チャールズ・J・シールズ著、水谷阿紀子訳、文溪堂、2008

第2章

『A WOMAN OF PASSION』Julia Briggs, New Amsterdam Books, 1987

『イバラの宝冠』ニューファンタジーの会、透土社、1996

『IN CELEBRATION OF EDITH NESBIT』Joan Aiken, Edith Nesbit Society, 1998

『Which Railway?』Member of the Edith Nesbit Society at a day school, 1999

『THE WELL HALL GARDEN PARTIES』Laura Probert, Edith Nesbit Society, 2005

『EDITH NESBIT IN SOUTH-EAST LONDON AND KENT』Nicholas Reed, Edith Nesbit Society, 2009

第3章

『Waiting for the party: The life of Frances Hodgson Burnett, 1849–1924』Anne Thwaite, Scribner, 1974

『Frances Hodgson Burnett: Beyond the Secret Garden』Angelica Shirley Carpenter and Jean Shirley, Lerner Publications, 1990

『夢の狩り人 Frances H. Burnettの世界』ニューファンタジーの会、透土社、1994

『Frances Hodgson Burnett』Carol Greene, Children's Press, 1995

『Long Island Women: Activists & Innovators』Natalie A. Naylor and Maureen O. Murphy, Empire State Books, 1998

『The Secret Garden Cookbook』Amy Cotler, HarperCollins, 1999。（邦訳『秘密の花園クックブック』北野佐久子訳、東洋書林、2007）

『Inside the Secret Garden』Carolyn Strom Collins and Christina Wyss Eriksson, HarperCollins, 2002

『Frances Hodgson Burnett』Gretchen Holbrook Gerzina, Rutgers University Press, 2004

『バーネット自伝 わたしの一番よく知っている子ども』フランシス・ホジソン・バーネット著、松下宏子・三宅興子編・訳、翰林書房、2013

第4章

『ピーター・パン写真集 ネバーランドの少年たち』鈴木重敏著、新書館、1989

『ピーター・パンと妖精の国』井村君江・塩野米松・中川祐二著、求龍堂、1990

『ロスト・ボーイズ　～J・M・バリとピーター・パン誕生の物語～』アンドリュー・バーキン著、鈴木重敏訳、新書館、1991

『「ピーター・パン」がかけた魔法　J・M・バリ』スーザン・ビビン・アラー著、奥田実紀訳、文溪堂、2005

第5章

『不思議の国の“アリス”――ルイス・キャロルとふたりのアリス』舟崎克彦・笠井勝子著、求龍堂、1991

『不思議の国をつくる』ジャッキー・ヴォルシュレガー著、安達まみ訳、河出書房新社、1997

『図説　不思議の国のアリス』桑原茂夫著、河出書房新社、2007

『ルイス・キャロルハンドブック』安井泉編著、七つ森書館、2013

『The world of Alice』Mavis Batey, Pitkin Publishing, 2014

第6章

『C・S・ルイスの秘密の国』アン・アーノット著、中村妙子訳、すぐ書房、1994

『ナルニア国の創り手　C.S. ルイス物語』エレーヌ・マリー・ストーン著、澤田澄江訳、原書房、2005

『C.S. Lewis & THE CHRONICLES OF NARNIA（邦題／「ナルニア国物語」のススメ）』Delta Entertainment Co., 2005（DVD）

『「ナルニア国」への扉 C・S・ルイス』ビアトリス・ゴームリー著、奥田実紀訳、文溪堂、2006

『The Oxford of J.R.R.Tolkien & C.S. Lewis』Revd Dr Jeanette Sears, Heritage Tours Publications, 2006

『トールキンとC・S・ルイス友情物語』コリン・ドゥーリエ著、成瀬俊一訳、柊風舎、2011

『J.R.R. トールキン』水井雅子著、KTC中央出版、2004

『TOLKIEN』Robert S. Blackham, Pitkin Publishing, 2011

『「ライラ」からの手紙　フィリップ・プルマン』マーガレット・S・ユアン著、中村佐千江訳、文溪堂、2007

第7章

『ものいうウサギとヒキガエル』猪熊葉子著、偕成社、1992

『ケネス・グレアム　その人と作品』エリナー・グレアム原著、新読書社、1994

『The world of Wind in the Willows』Antoinnette Rawlings, Pitkin Publishing, 2012

『ドリトル先生の英国』南條竹則著、文藝春秋、2000

第8章

『クマのプーさんと魔法の森へ』猪熊葉子監修、求龍堂、1993

『A.A. ミルン』谷本誠剛・笹田裕子著、KTC中央出版、2002

『くまのプーさん　英国文学の想像力』安達まみ著、光文社、2002

『ミルン自伝　今からでは遅すぎる』A.A. ミルン著、石井桃子訳、岩波書店、2003

『クマのプーさん　世界一有名なテディ・ベアのおはなし』シャーリー・ハリソン著、小田島則子訳、河出書房新社、2013

第9章

『ビアトリクス・ポターの生涯』マーガレット・レイン著、猪熊葉子訳、福音館書店、1986

『Beatrix Potter 1866–1943　The Artist and Her World』Judy Taylor, Joyce Irene Whalley, Anne Stevenson Hobbs, Elizabeth M Battrick, Frederick Warne with The National Trust, 1987

『Beatrix Potter's Country Cooking』Sara Paston-Williams, Frederick Warne, 1991

『The Choyce Letters—Beatrix Potter to Louie Choyce 1916–1943』Edited by Judy Taylor, The Beatrix Potter Society, 1994

『ピーターラビットの世界』吉田新一著、日本エディタースクール出版部、1994

1950	ルイス『ライオンと魔女』出版。
1951	ルイス『カスピアン王子のつのぶえ』出版。
1952	ルイス『朝びらき丸　東の海へ』出版。 トラヴァース『公園のメアリー・ポピンズ』出版。 ノートン『床下の小人たち』出版（カーネギー賞受賞）。 ジョージ6世、逝去。 エリザベス2世即位。
1953	ルイス『銀のいす』出版。
1954	ルイス『馬と少年』出版。 アトリー『こぎつねルーファスのぼうけん』出版。 トールキン『指輪物語第一部　旅の仲間』、『指輪物語第二部　二つの塔』出版。
1954	ボストン『グリーン・ノウの子どもたち』出版。
1955	トールキン『指輪物語第三部　王の帰還』出版。 ルイス『魔術師のおい』出版。 ノートン『野に出た小人たち』出版。 ファージョン『ムギと王さま』出版（カーネギー賞受賞）。
1956	ルイス『さいごの戦い』出版（カーネギー賞受賞）。 アトリー『こぎつねルーファスとシンデレラ』出版。
1958	ボンド『くまのパディントン』出版。 ボストン『グリーン・ノウの煙突』出版。 ピアス『トムは真夜中の庭で』出版（カーネギー賞受賞）。
1959	ボストン『グリーン・ノウの川』出版。 ノートン『川をくだる小人たち』出版。 サトクリフ『ともしびをかかげて』出版（カーネギー賞受賞）。 ボンド『パディントンのクリスマス』出版。
1960	ボンド『パディントンの一周年記念』出版。
1961	ボストン『グリーン・ノウのお客さま』出版（カーネギー賞受賞）。 ノートン『空をとぶ小人たち』出版。 ボンド『パディントンフランスへ』出版。
1962	トラヴァース『メアリー・ポピンズ　AからZ』出版。 ボンド『パディントンとテレビ』出版。
1964	ボストン『グリーン・ノウの魔女』出版。 ボンド『パディントンの煙突掃除』出版。 ダール『チョコレート工場の秘密』出版。
1965	ターナー『ハイ・フォースの地主屋敷』出版（カーネギー賞受賞）。
1966	ボンド『パディントン妙技公開』出版。
1967	ロビンソン『思い出のマーニー』出版。
1968	ボンド『パディントン街へ行く』出版。
1970	ボンド『パディントンのラストダンス』出版。 アトリー『ラベンダーのくつ』出版。
1972	アダムス『ウォーターシップ・ダウンのウサギたち』出版（カーネギー賞受賞）。 ゴッデン『ディダコイ』出版（ウィットブレッド賞受賞）。
1974	ボンド『パディントンの大切な家族』出版。
1975	トラヴァース『台所のメアリー・ポピンズ』出版。
1976	ボストン『グリーン・ノウの石』出版。
1977	ジョーンズ『魔女と暮らせば　大魔法使いクレストマンシー』出版。
1980	バークレム『春のピクニック』『小川のほとりで』『木の実のなるころ』『雪の日のパーティ』（「のばらの村のものがたり」シリーズ）出版。
1981	チャールズ皇太子、ダイアナ・スペンサー嬢と結婚。
1982	トラヴァース『さくら通りのメアリー・ポピンズ』出版。 ノートン『小人たちの新しい家』出版。
1986	ジョーンズ『魔法使いハウルと火の悪魔』出版。
1988	トラヴァース『メアリー・ポピンズとお隣さん』出版。
1990	湾岸戦争、勃発（翌年、停戦）。 ジョーンズ『アブダラと空飛ぶ絨毯』出版。
1995	プルマン『黄金の羅針盤』出版（カーネギー賞受賞）。
1996	チャールズ皇太子、離婚。
1997	ローリング『ハリー・ポッターと賢者の石』出版。 プルマン『神秘の短剣』出版。 ダイアナ元妃、死去。
1998	ローリング『ハリー・ポッターと秘密の部屋』出版。
1999	ローリング『ハリー・ポッターとアズカバンの囚人』出版（ウィットブレッド賞受賞）。
2000	ローリング『ハリー・ポッターと炎のゴブレット』出版。 プルマン『琥珀の望遠鏡』出版（ウィットブレッド賞受賞）。
2003	ローリング『ハリー・ポッターと不死鳥の騎士団』出版。
2005	ローリング『ハリー・ポッターと謎のプリンス』出版。
2007	ローリング『ハリー・ポッターと死の秘宝』出版。
2008	リーマン・ショック（国際的金融危機の原因）が起こる。 ジョーンズ『チャーメインと魔法の家』出版。
2011	ウィリアム王子、キャサリン・ミドルトン嬢と結婚。
2016	ローリング『ハリー・ポッターと呪いの子』発表、パレスシアターで上演。

主な英国児童文学作品年表

1765	ニューベリー『くつ二つさん』出版。
1776	英国植民地だったアメリカ、独立宣言。
1837	ヴィクトリア女王、即位。
1840	ヴィクトリア女王、ドイツ人のアルバート殿下と結婚。 アヘン戦争勃発（1842年終結）。
1843	ディケンズ『クリスマス・キャロル』出版。
1845	アイルランドでジャガイモ飢饉が発生し、難民が続出。
1846	リア『ナンセンスの本』出版。
1851	世界初の万国博覧会がロンドンで開催。 ラスキン『黄金の川の王さま』発表。
1854	クリミア戦争に参戦。
1857	ヒューズ『トム・ブラウンの学校生活』出版。
1863	世界初の地下鉄が開業。 ロンドンに下水道が敷設される。 キングズリー『水の子』出版。
1865	キャロル『不思議の国のアリス』出版。
1867	北アメリカの英国植民地がまとまり自治領カナダ成立（1931年に独立）。
1869	スエズ運河、開通。
1871	マクドナルド『北風のうしろの国』出版。 キャロル『鏡の国のアリス』出版。 バンクス・ホリディ（銀行休暇法）制定。
1872	マクドナルド『王女とゴブリン』出版。 ウィーダ『フランダースの犬』発表。
1873	大不況が起こり、1896年まで連続的に不況期となる。
1877	英領インド帝国の成立。 シュウェル『黒馬物語』出版。
1877	モルズワース夫人『かっこう時計』出版。
1883	スティーブンソン『宝島』出版。
1885	スティーブンソン『子どもの詩の園』（詩集）出版。
1886	バーネット『小公子』出版。 スティーブンソン『さらわれたデービッド』出版。
1887	ヴィクトリア女王即位50周年記念式典、開催。
1888	バーネット『セーラ・クルー』発表。 ワイルド『幸福な王子』発表。
1889	ラング『あおいろの童話集』出版。
1890	ラング『あかいろの童話集』出版。
1894	キップリング『ジャングル・ブック』出版。
1897	ヴィクトリア女王即位60周年記念式典、開催。
1899	ネズビット『宝さがしの子どもたち』出版。
1901	ヴィクトリア女王、逝去。 エドワード7世即位。 オセアニアの英国植民地がまとまり、オーストラリア連邦成立。
1902	ネズビット『砂の妖精』出版。 ポター『ピーターラビットのおはなし』出版。
1904	ネズビット『火の鳥と魔法のじゅうたん』出版。
1906	キップリング『プークが丘の妖精パック』出版。
1908	グレアム『たのしい川べ』出版。
1910	エドワード7世、逝去。 ジョージ5世即位。
1911	バーネット『秘密の花園』出版。 バリ『ピーター・パンとウェンディ』出版。
1914	第一次世界大戦、勃発（1918年終結）。
1919	アイルランド独立戦争、勃発（1921年終結）。
1926	ミルン『クマのプーさん』出版。
1928	ミルン『プー横丁にたった家』出版。
1929	アトリー、グレイ・ラビットシリーズの最初となる『スキレルとヘアとグレイ・ラビット』出版。
1930	ランサム『ツバメ号とアマゾン号』出版。
1934	トラヴァース『風にのってきたメアリー・ポピンズ』出版。
1935	トラヴァース『帰ってきたメアリー・ポピンズ』出版。
1936	ランサム『ツバメ号の伝書バト』出版（カーネギー賞受賞）。 ジョージ5世、逝去。 エドワード8世、アメリカ人女性との結婚のため退位。 ジョージ6世即位。
1937	トールキン『ホビットの冒険』出版。 アトリー『チム・ラビットのぼうけん』出版。
1939	第二次世界大戦、勃発（1945年終結）。 アトリー『時の旅人』出版。
1943	トラヴァース『とびらをあけるメアリー・ポピンズ』出版。
1946	グージ『まぼろしの白馬』出版（カーネギー賞受賞）。
1947	デ・ラ・メア『デ・ラ・メア物語集』出版（カーネギー賞受賞）。 ゴッデン『人形の家』出版。 インド、英国から独立。
1949	トールキン『農夫ジャイルズの冒険』出版。

●著者略歴

奥田実紀（おくだ・みき）
一九六六年、宮城県仙台市生まれ。コピーライター、編集者を経てフリーライターに。さまざまなテーマで取材を続け、カルチャーセンター等での講演会、新聞や雑誌への寄稿、ラジオ出演、著書多数。日本スコットランド協会、日本アロマ環境協会会員。終活カウンセラー協会上級カウンセラー。
著書に『赤毛のアンA　to　Z』（東洋書林）、『図説赤毛のアン』『図説タータン・チェックの歴史』（河出書房新社）、『タータンチェックの文化史』（白水社）、『紅茶をめぐる静岡さんぽ』（マイルスタッフ）などがある。現在、静岡県浜松市在住。
ホームページ
http://www.geocities.jp/writermiki_okuda/

ふくろうの本

図説　英国ファンタジーの世界

二〇一六年一一月二〇日初版印刷
二〇一六年一一月三〇日初版発行

著者……………………奥田実紀
装幀・デザイン…………水橋真奈美（ヒロ工房）
発行者…………………小野寺優
発行……………………河出書房新社
東京都渋谷区千駄ヶ谷二-三二-二
電話　〇三-三四〇四-一二〇一（営業）
〇三-三四〇四-八六一一（編集）
http://www.kawade.co.jp/
印刷……………………大日本印刷株式会社
製本……………………加藤製本株式会社

Printed in Japan
ISBN978-4-309-76248-7
落丁・乱丁本はお取替えいたします。